姜尚中

憲法ってこういうものだったのか！

寺脇研

を基調とする国際平和を誠実に希求し、国権の発動たる戦争と、武力による威嚇又は武力の行使は、国際紛争を解決する手段としては、永久にこれを放棄する。

②前項の目的を達するため、陸海空軍その他の戦力は、これを保持しない。国の交戦権は、これを認めない。

憲法第十条◎日本国民たる要件は、法律でこれを定める

憲法第十五条◎「公務員を選定し、及びこれを罷免することは、国民固有の権利である。

②すべて公務員は、全体の奉仕者であって、一部の奉仕者ではない。

憲法第二十五条　すべて国民は、健康で文化的な最低限度の生活を営む権利を有する。

②国は、すべての生活部面について、

ユビキタ・スタジオ
UBIQUITOUS-STUDIO

目次

第二章◎天皇制をめぐる顕教《けんきょう》と密教 ……… 051

第三章◎人間が人間らしく生きる条件 ……… 119

第四章◎それでは「国民」とは？……155

［本文テープ起こしのうち、姜尚中氏の発言についての文責はユビキタ・スタジオ 堀切和雅にあります。］

姜尚中

憲法って
こういうもの
だったのか！

寺脇研

第一章　法律というのは血も涙もないのがあたりまえ

役人にとって憲法は商売道具でしょう？

―寺脇― 考えてみると、私が憲法のことを語るのも全然おかしくないのですね。私は日本国の官吏《かんり》だったのですから。

憲法というのは、官を縛るためにあるわけです。私が公務員生活をしてきたときに、自分が何をすればいいのか、何をしてはいけないのかということは、最後は憲法に立ち返るしかなかったのですね。

私の場合一九七五年の四月一日に旧文部省に入って、人事課長から辞令をもらうときに、憲法のもとに宣誓をするわけです。この憲法を守って国民のために奉仕しますという、儀式がある。日本国憲法のもとに誓うのです［1］。

私にとって日本国憲法っていうのは、まあ商売道具のようなもの。文部省で仕事をしていくときには、当然、学校教育法とか、教育公務員特例法とかいろんな法律に基づいてやっていく。それらの法律は全部憲法にのっとっているので、私たちの仕事の元締めは憲法なんですね。ま、現実にそう思っている役人がどれくらいいるか知りませんけれども。

——**姜**——（笑）学生時代から日本国憲法に思い入れをしたとかいう経験はなかったですか？

——**寺脇**——中学時代に憲法を習ったときのことが、とても印象深いんです。鹿児島ラ・サールっていう進学校ですから、授業での位置づけとしてはいい加減なんですよね。歴史や地理は入学試験に直結するから専門の先生が教えるんだけど、公民は選択科目であることが多いので、時間講師の先生が教えにきていらした。その人は、今思うと、当時たぶん四十代ぐらい。だとすると、戦争体験のある人だろうと思うんです。終戦時に二十歳前後だった人のはずなんです。

その先生は九条の話もしたのかもしれないけど、それはまったく記憶にない。その授業でいやというほど教えこまれたのは権利義務の規定なんです。そのときに、自分のなかに強く留まったことが二つあって、一つは「最低限度の文化的生活」という、憲法二十五条［2］。ちょうど朝日訴訟［3］がたけなわのころでしたから。もう一つは、「公共の福祉」という言葉を、ほんとに耳にタコができるぐらい聞かされた。「何々の自由」があっても、それは必ず、「公共の福祉に反しない限り」なんだからね、君たち、と。

つまり自由や権利は認められているが、当然、十二条［4］にしっかり書かれているように、権利を「濫用《らんよう》してはならない」、「常に公共の福祉のためこれを利用する責任を負う」のだと。

公共の福祉。ずっとそれを思っていました。役人をしているときに、例えば公務員のストライキの問題など出てきますよね。日教組がストライキをする。日教組側は、俺たちは労働者だから権利があるはずだ、憲法に保障されているはずだと言うし、行政側は、冗談じゃない、公務員法で縛られてるんだからダメよっていう話だけで、つまり公共の福祉という概念がそこではほとんど語られないんです。

公務員にも本来はストライキの権利はある。あるんだけど、公務員がそういう権利を使うことによって公共の福祉が損ねられる。

私たち役人が法律の講義をする場面がたくさんあるんですね。現場の校長さんたちの研修会などに行くのです。八四年までは日教組による組織的なストライキが行われていましたからね。それに対して校長が、君たちストライキは駄目だよって、どのように言うべきかという理論の勉強があるのです。

それに講師で行くときに、私が他の講師とおそらく違うことを言っていたのは、法律で禁じられているからって言うだけでは水掛け論になっちゃうんですよ、と。憲法に「公共の福祉」が謳《うた》われていて、例えば街のクリーニング屋さん、でもいいし、あるいはトヨタの社員がストライキをすることによってももちろん公共の福祉が損なわれるけれど、その度合いと、公務員がストライキをする場合の公共の福祉が損なわれる度合いに違いがあるから公務員のストライキは禁じられている。それが合憲であるという判決が最高裁でも出ている、という話を私はする。

もちろん文部省で決められた、こういうふうに説明しろというマニュアルにはそんなことは書いてないですよ。国家公務員法九八条や地方公務員法三七条で、「争議権の禁止」が書いてあるんだから駄目なんですって言えって書いてあるわけだけど、やっぱりそれだけでは原理原則的な話にならないんで、そのことを話すわけですね。たしか七六年の岩手県教組事件に対する最高裁判決でも、私なりに平たく読めば、教師であるあなたがストライキ権を禁じられるということは、確かにあなたにとっては不利なこと。でも教師であるあなたも一市民として消防署のお世話になることがある。そのときに消防署がストライキしていたらあなたも困るでしょう。公務員であると同時に一国民として、サービスを受ける立場であるとするならば、自分の争議権が制限されたとしても、自分が逆に、公務員のサービスを受ける場合の権利を保障されるという意味において、それでまあバランスを取ってあるじゃないですかと。「公共の福祉」のための権利の制限なんだと。普通そんな研修で憲法までは遡《さかのぼ》らないんですけどね。

❶公務員宣誓の文言：「私は、国民全体の奉仕者として公共の利益のために勤務すべき責務を深く自覚し、日本国憲法を遵守し、並びに法令及び上司の職務上の命令に従い、不偏不党かつ公正に職務の遂行に当たることをかたく誓います」

❷**憲法第二十五条**：すべて国民は、健康で文化的な最低限度の生活を営む権利を有する。
②国は、すべての生活部面について、社会福祉、社会保障及び公衆衛生の向上及び増進に努めなければならない。

❸**朝日訴訟**：一九五七年、結核療養所にいた朝日茂さんにより、厚生大臣を相手に、憲法二十五条と生活保護法を根拠に提訴された裁判。生存権が実際に守られているかどうかが問われた。

❹**憲法第十二条**：この憲法が国民に保障する自由及び権利は、国民の不断の努力によって、これを保持しなければならない。又、国民は、これを濫用してはならないのであって、常に公共の福祉のためにこれを利用する責任を負ふ。

憲法番外地から

――**姜**―― 僕のほうは、一言で言うと憲法にまるっきり関心がなかった。自分たちは「番外地」にいるんじゃないかと思っていたので。それでもやっぱり印象深かったのは、第三章の、「日本国民たる要件は、法律でこれを定むる」という、第十条［5］ですね。僕らには、いつごろまでだろうかな……まず国民健康保険証がなかったんじゃないかな。そして一九六〇年の日韓条約で、一応国籍が定まった。その前は全部「朝鮮」でしたから。

中三のときに、最初の外国人登録証の、指紋押捺《おうなつ》があった。で、僕の出身は熊本ですから、中学校の先生がガラッパチのとてもいい先生だったんですよ。かなり僕のことを意識しながらも、悪さをしてごつんとやるときも、他の生徒と対等にやってくれて、からかったりからかわれたり、非常にフランクな先生でした。

あるときに、「ちょっときてくれんか」っていうから、「どないしたですか」って聞いたら、保健室に行ってくれと。保健室に行って説明を受け、それから熊本市役所に外国人登録に行った。それ以前まで、外国人登録証があるということも知らなかった。

憲法も意識にない、外国人の保護についても何も知らない、だから、今の流行り言葉でいうと、セイフティネットというものが、世の中に多少はあるということ自体眼中になかったから（笑）。

寺脇さんがいま言われた、公共の福祉という概念が日本国憲法に護られた日本国民にあるということは、逆に言うと公民として、日本国民は権利をもっているということですよね。セイフティネットにちゃんとひっかかれる。だから国民はこういう義務を果たしなさい、ということになっている。なおかつそのセイフティネットを作って、守っていく立場である公務員が、ネットに穴ボコがあったら繕《つくろ》って、維持していかないと、「公共の福祉」どころじゃなく、公《おおやけ》自体が成りたたないということですね。

第十二条、それなりにわかるんですけど、世の中にそもそもセイフティネットとして公があるというのは、かつての僕にはちょっと思えなかったんです。最近はもう昔日《せきじつ》のごとくだけども、例えばある時点で、在日の中小企業が日本の金融機関から借金ができるようになったというのが、画期的なこと。それもまた、セイフティネットですから。しかしそういうものがあるという意識は、大学に入ってからもまだ明確には僕にはなかったです。ただやけにまわりに憲法憲法という人が多くて、それはどういうことなんだろうと思っていた。確かに、あの当時の三公社五現業、特に、太田薫さんの総評、それから、日教組はたしか槇枝さんだったかな。左翼の組合に力があった。僕の学生時代、国鉄のストライキはもう名物行事でしたから。権利意識を持った労働者たちが組合というものを形成していて、春闘があってストを打つ、そういう時代だった。

一方、在日の人たちは、一番少ないのが農業などの第一次産業従事者なんです。土地所有がほとんどないから。

それから第二次産業でも、どうしたって零細中小。あとはご存じのように第三次産業です。そうすると、組織労働者で、組合員として権利意識を持って振る舞う、というのはもう別の世界。当時国鉄マンのある意味特権意識ってあったわけですよね。そのまた背後には、あの巨大な国鉄労働組合があった。なんかそういう、権利を、巨大な組織によって守られるという体験が在日の人ってほとんどないんですよ。

それから、第一次産業的な、農民の、食べ物を作っているという誇りとか、そういうものもまったくない。とにかく生存のためにがんばらなきゃいけないということになる。それが、あえて言うと、一世や二世のある人たちの中に「やらずぶったくり」になるメンタリティをちょっと作った面もあると思います。しかしそこには、裏を返して言うと、まったく権利がない、セイフティネットがないという意識があったのじゃないかと思うのです。

国籍法というのが明治以来ずっと定められていて、国民と非・国民とがはっきりと分けられている。だからなんかね、日本人のみんなが平和憲法を讃えて、憲法が目指しているのはみんなの幸せなんだ、というようなことはまるきりピンとこなかったですね。

❺憲法第十条：日本国民たる要件は、法律でこれを定める。

なぜ憲法を「使う」気になったか

―寺脇― 私が憲法改正という選択肢も当然ありうると思うのは、日常的に使うものだから、実情に合わなくなったら変えなきゃまずいよって思うわけです。役人の立場では、特に三章の権利義務条項なんか、どんな法律を作るのにも、行政判断にもしょっちゅう使ってる道具なのに、「不磨《ふま》の大典」とか言われたってねえ？　って。九条はたしかに未だきちんと使いこなしてはいないかもしれないけれど。

――姜――しかしある意味、護憲派も改憲派も意外に憲法に使われている。ほんとに憲法を使って使って、使い尽くして、その経験の結果、これは変えてもいいというようなところにまで行けばいいのだけれど……これは結論かもしれないけど、戦後六十年、「国民が憲法を使う」ということは板についていなかった。

僕が憲法を使ってみようという気になったのはね、ずいぶん後れてからなんです。結婚して所帯をもって、子どもができて、そうすると否応《いやおう》なしに地域社会に埋め込まれていく。それまで、なにかこう根無し草を気取っていることもできたわけですよ。そうしていれば言いたいこともなんでも言える。ところが、地域社会に、言ってみれば着床してね、そこで生きていると、そう観念的なことを垂れ流すこともできなくなってくる。そして気づいてみると、自分がいったい地域社会に何をしてきたんだろうと思う。そういうふうにだんだんなっていって、そこから憲法に少し意識が向かうことにはなっていたんですよね。

――寺脇――私は文部省で七八年から八〇年くらいに外国人教員任用法というのを担当していた

ことがあるのです。以前は、国立大の教授に外国人がなるっていうことはできなかったんですね。

外国人が公務員になるときには、その公務員はほんとに全体の奉仕者として、つまり日本国憲法に縛られてもらわないといけないんですね。

八二年に「公立の大学等における外国人教員の任用等に関する特別措置法」が成立して、それが可能になりました。それこそね、姜さんは、親となって憲法を意識するようになったそうですが、他方で、東大教員という公務員になった瞬間、やっぱり日本国憲法と引き離しがたい関係になったわけですね。

曲解できないような条文が必要だ

—寺脇— 私が解釈改憲できるような緩《ゆる》い条文は駄目だと思うのは、一つは、役人は、憲法に縛られ、その憲法の下位法である諸法律に縛られていますから、それがいかようにでも解釈できるとしたらまずいという意味なんです。役人が自分の好き勝手できるようになるから。法律を作る際の法制審議っていうのはね、ぎゅうぎゅうぎゅうと、もう綿密にやるわけですよ。まず担当省庁の中で、次には内閣法制局という専門機関でね。ほんとにみんなが知力の限りをつくして、他の読み方はないか、他の解釈はないかということを潰すために幾晩も幾晩も徹夜して決めていって。それをさらに法令協議という形で他の全部の省庁にさらしてチェックしてもらう。他の省庁から見ると思わぬ穴が見えてきたりするから。

ちなみに、橋本内閣で一府十二省庁にしたためになにが起こっているかというと、相互チェック機能がものすごく低下してきてるんです。

だからこの頃ミスが多い。例えば、経済産業省が作った、家電リサイクル法。あれは、例えば旧い電気楽器やシンセサイザーなどの電子楽器の価値とかをまったく考えずに進めちゃった。それで坂本龍一さんたちにつっこまれて、法律を直さなきゃいけなくなった。

縦割りの弊害と言われつつですよ、私はね、役人をチェックする力を一番持っているのは同じ役人だと思っているのです。お互い手の内知り尽くしているわけですから。その相互チェックの機会が省庁削減で減った。

しかも、いま官邸主導などと言って、内閣府が巨大化してしまって、内閣府はあんまり各省と協議しないですから、駄目なんですよ。

話はちょっとそれましたけど、そうなってきているから、解釈で、集団的自衛権は以前はないって言ってたけど今度はあるとかね、とんでもない話になる。憲法は政府と公務員を縛るわけですから、ほんとにきちんと縛っておいてくれないといけないじゃないですか。例えば十五条［6］の、「公務員は全体の奉仕者である」という、素晴らしくわかりやすい条文があるのに。

そう書いてあったら、ごまかしようがないじゃないですか。憲法というのは、こういうごまかしようのない条文であるべきもので、私も実は九条がそんなにまで解釈で変えられるなんて夢にも思ってなかったんです。


——**姜**——寺脇さんの重要な視点は、まず立憲主義とはなにかという、そもそも論。それはやっぱり、国家権力を縛るものだと。従って、国家権力の遂行者である公務員を縛る。

公務員として内側にいた寺脇さんの議論を聞いていて、なるほどと納得するのだけれど、これも反省ですが、学生時代は、公務員はただ国家権力と一体のものとしかわれわれは見ていなかったですね。

さきほどの、生活者として憲法に目覚めるという話に戻ると、妻が日本人でしょう。やがて子どもの国籍をどうするかという問題が出てきた。国籍法が改正になって、父母両系主義になったのは、八〇年代の半ばなんですね。息子が韓国籍になっているんですが、娘は、それより以後に生まれた。娘は韓国籍と日本国籍とどちらかを選べることに一応なっているのですが、実体的には、結局、韓国も日本も戸籍法によって裏付けられていますから……娘は韓国の戸籍には入れていないんですよ。戸籍の登録をしていない以上、現実的にはもうむこうの国籍はないわけです。娘はそういう状態にしてあって、僕はそれがいいと思ってる。だいたい八〇年代の半ばぐらいからもう、いつか向こうに行くわけでもない、日本で生きるんだからという考え方が、定着してきたし。

❻ **憲法第十五条**：公務員を選定し、及びこれを罷免することは、国民固有の権利である。
②すべて公務員は、全体の奉仕者であって、一部の奉仕者ではない。
（③以下略）

自由があるからこそ自分を律しなければならない

―**寺脇**― 私もあんまり国旗国歌をうるさく押しつけることは個人としては好ましくないと思うけれども、卒業式や入学式のときに、国旗国歌に反対して、子どもじみたと思われてもしかたがないような反対をする公務員がいるときにね、私は、腹が立つというよりも、俺たちには憲法十五条があるだろうという思いがあるわけですよ。全体の奉仕者なのに、自分の内心の自由をそこで振り回せるのか。私はやっぱり、公務員になってから、自分は全体の奉仕者だって常に肝に銘じている。自分の好み、これはもちろん私として持っているけれど、それと全体の奉仕者であるということは切り離して考えないと、人格が壊れちゃいます。

私が一国民として憲法的自由を享受《きょうじゅ》しているときと、政権党である自民党の決めたことに従わなきゃいけない職業上の立場というものは、切り離して考えないと。だから、過激な組合の人たちの言うことを聞いていると、公務員という立場の人間として人格分裂してないのかって思っちゃうわけですよね。

――姜――お話を伺っていると、やっぱり寺脇さんのなかには公務員のエートス（魂）のようなものがあるのね。

ある種のリゴリズムとさえ言えそうな厳格主義で、法を運用していくという。その裏側には、憲法は一義的に解釈されないといけないし、その適用もそうでなければいけないという信念がある。そう考えるのは非常に重要なことで、僕のまわりにはやっぱり、憲法っていうのは素晴らしくハッピーなバイブルだと、楽天的に考える人たちが結構多くて。憲法をよくよく読んでいくと、これってすごい武器であると同時に、きちっと自分を律しなければ社会が成り立たない面を表しているんですね。押しつけではなくて、自らの自由を通じて、社会を成り立たせようと書いてある。ここが大切だと思うんです。自由があるからこそ同時に自分を律しなければいけない。

八〇年代に崩れてしまったもの

―姜― 僕はね、八〇年代って一番嫌な十年間だったんですよ。

―寺脇― まったく同感です。

―姜― 同感ですか（笑）。なんであんなみんな浮かれたようになっちゃったんだろう。何か自分を律することが、自分の幸福とか権利に通じるというかな、そういうのがださくて、それは近代の、要するに年寄りじみた原理であって、むしろその、律するものから全部脱しようというか……ニューアカデミズムというやつもそうだったんですよ、あの時代は。「逃げろ」という議論が蔓延《まんえん》しててね。

七〇年代に、当時の新左翼運動の教祖的な人に染まっちゃった人がいて、彼が僕の下宿によくに出入りして、やっぱり八〇年代的な無責任な破壊的な議論を仕掛けてきた。彼はもともとは右翼的で、そういうことを言うような人間じゃなかったのね。体育会系だったし（笑）。

要するに、今の社会はぶっこわさなきゃいけない。ある種の虚構だから。そのときには僕は通称名の永野鉄男だったので、「永野くん、こういう社会は、フィクションは許せない」と。彼は日本国憲法粉砕だった（笑）。僕はまるきりそれをわからなくて。ただ内心ね、結局彼が粉砕しようとするものからも落ちこぼれている自分はどうなるんだろうと思った。案の定そういう人たちは、四年生になると髪の毛を七三にビシッと分けるのね（笑）。紺のリクルートスーツですよ。そういう形で社会に出ていった。

僕も四年生のときになんとか就職にひっかかるんじゃないかと思って、一応いくつか履歴書を出したんですよ。日本でも有名なインターナショナルな企業というようなところにね。全部まるっきり拒否されたんだけど。あのとき思ったのは、造反有理と言っても、そこで粉砕すべきものからの受益者でさえもない自分たちはどうしたらいいんだろうっていうことが、ルサンチマン（鬱積《うっせき》する恨みの感情）のように募《つの》ってたんですね。

―**寺脇**―　おっしゃるように、憲法を手がかりにそれぞれが自分を律することで社会も律せられて行く、と考えるべきなのですが、現憲法については、そもそもアメリカから押しつけられた憲法だから、とはなから尊重しない人がいますね。あるいは、戦後民主主義が悪いって言う人は、自由や権利ばかり認めているから、みんなが好き勝手なことやるようになったじゃないかと言います。私はさきほどから言っているように、「公共の福祉」という概念を刷り込まれてますから、そういう謬見《びゅうけん》に対しては、え、なんで？　と思う。こんなに公共の福祉って言ってるじゃないの、その人たちは十二条を読んでないんじゃないの？　と。

もちろん左翼も権利の部分だけ読んでものを言ってるんですよ。右の人が言うことも左の人が言うことも、私のように常に十二条を自分の拠り所にして生きている人間にとってはね、ずっと不思議だった。

公共の福祉に条文が触れた瞬間、それは自分たち自身が律せられなきゃいけないということを決めたわけですよね。自ら選び取ってこれだけの自由があるんだけど、その代わり、公共の福祉を守るということをやらなきゃいけないっていう規範があるわけです。

ただまあ、公務員はみんなお前と同じくらいこんなこと思ってんのかよって言われると、たぶん思ってない。なぜ私がそう思うようになったかというと、私は一九七一年に大学に入って七五年に卒業するわけですが、七一年に入ったときはもう、大学は正常に近く戻っていました。けれどまだ、学園紛争をやった人たちが上級生にはいるし、お前らなんか何にもやらないでって、全共闘世代によるいじめに遭った最初の世代なんですよ。

私は仕事を選択するときに、公務員になるかメディアに入るかものすごく悩んだわけです。つまりまだそのころでは、さきほどおっしゃったように七三分けして企業に入るやつでも許せないのに、まして、体制側に入るのか、お前は権力の犬だ、みたいなことを言う人も現実にいたし。

――姜――いたの（笑）。

――寺脇――いたんですよ。お前そこで悩まなきゃおかしいじゃないかって言われるし、実際自分でも悩んでるし、自律神経失調症になったぐらい。だってジャーナリストになろうっていうのは、およそ公権力の執行者になるのと正反対の立場なわけじゃないですか。また上級生たちのように体制内変革とかそういう言葉で自分をごまかせなかったんで……。だけど、権力を持たないと、できないことがあるっていうことは事実なんですね。

劇作家の平田オリザさんと私は友人なんですけど、それはこういうわけなんです。彼は中学卒業後に自転車で世界一周旅行に行って、高校に行かずに大学に行くために大検を受けたときに、平田少年は、大検制度はすごくいろんなところが不都合だと思った。それを持論として言い続けていた。そしたらある日、実は自分は文部省の役人なんだけどって言ってアプローチしてきた人がいる。それが私だったわけですが、私はそのときは、官僚になってから二十年ぐらい経っていて、もう課長という権力を持っていたわけです。私が大検を担当している課長になっていて、見ると、平田オリザさんが新聞に書いてる。なるほどその通りだ。いまの制度は確かによくないなと。それこそ朝鮮人学校の人たちの話も含めていろんな問題がある。それで平田さんにお話を伺いに行った。

それで、平田さんがつい先日ネットに書いていたけど、今の大検制度っていうのは、二十何年前に、平田少年がこういうふうな大検になればいいと思った通りのものになっていると。でもそのためには、例えば自分が二十何年ずっと言い続けたことと、それから寺脇が行政側で動いたことと、いろんなことでやっと変わっていくので、こうなったらいいねって言うのは簡単だけど、それだけじゃ変わらないんだ。かつまた、やろうと思えば二十何年かかったってできることはあるんだと。

私も課長になれば、大検の制度を変えようということをするぐらいの権限をもつ。あるいは朝鮮人学校を見に行ってみようと思えば誰の許しも得ずに見に行って、はい、私の判断で行きましたっていうふうに言えば済むぐらいの立場になってくる。そういうのがないと制度は変えられないと私も思ったわけですよ。つまりマスコミに行くかこっちに行くかって、そういうことなんです。

マスコミにいて、変えろ変えろって言って行政側にもじゃあ変えようっていう人が出てくるのを待って変えさせるのか、直接行政側に行って自分の考えでできることをするのかっていう。でも形はそれこそ七三分けにして役所に就職するっていう話ですから、ものすごい葛藤があったのですね。

結局その葛藤を解決するためにも憲法のことを考えたわけです。例えば公務員のことを権力の犬って呼ぶ人は、憲法を否定するのかっていったらたいがい憲法礼賛論者なわけですからね。私はその憲法の使い手というか、憲法に使われる人として、つまり俺は憲法のもとにやってるんだって思わない限り、裏切り者と言われてもしょうがないわけじゃないですか。

公を知らないやつが出てきた？

――姜―― 結局八〇年代って、律するものは何もなくていいじゃんというふうな、ある種の欲望自然主義みたいなことになっていた。

それでなんかこう、その後逆流として、「公《おおやけ》」というものはやっぱり必要なんだという論調が出てきた。僕ももちろん公の領域というものは必要だと思いますが、いささか引きつったような形で、「戦前は公の精神がみんなにあった」みたいな話がされましたよね。

ところが実は、そういう問題について、いまの憲法はきちっと考え抜いた上でつくられている。公務員は全体の奉仕者。そして公共の福祉ということが明確にうたわれているわけです。やっぱり僕は八〇年代が戦後の大きな曲がり角だったのではないかと思っていて、あの時代があったものだから、今になって憲法は権利ばっかり言ってるからいかん、アメリカの押しつけによって、日本人は惰弱《だじゃく》になったとか、公を知らないやつが出てきたと、いうような議論がまことしやかに出てきてるんですね。

——**寺脇**——あのころは、お金があったら、ヨーロッパの城だろうと、ニューヨークのアメリカの歴史と文化の象徴の建物だろうと、買ってどこが悪い、という状態だった。分を知るとか、身のほどを知るとかいうことがそのとき消えてしまってるわけなんです。

私も公務員生活を七五年から二〇〇六年までやってきて、やっぱりその中でも八〇年代っていうのは異様なわけですね。その時代に、やれるなら何やってもいいじゃないかっていうようなことになってきた。生活保護受けられるなら受けりゃいいじゃないか。生活保護もらって外車乗り回してるみたいな話も出てくる。ほんとだったらいまの年金データ紛失の問題だって、納めていたと申し出た人みんなＯＫって言えばいいようなことが、絶対的に信用できなくなっちゃってる。そこに便乗してインチキをしようとする人たちが出てくるっていうことがわかってるような社会になってしまったんです。

——**姜**——日本国憲法が目指した、近代社会の一つの理念型のようなものがあるとすると、それは、人々が自らを律することを予想していた。自由の裏側にそれは必ずあって、それを通じて、公というものは立ち上がって、お互いでお互いを支えていく、絶えず公というものについてみんなが合意をしていくような社会。八〇年代にその前提が決定的に崩れたわけですね。

だから僕ね、胸くその悪い十年って言ってるんですけど。僕自身は個人的にはそう恵まれた状況ではなかったけど、まあ親子三人、公営住宅で、妻が、たまたま抽選で当たったものだから、そこに住んで、職を得てね、それなりに生活はできたのですけれど、まわりを見ていると、在日もそれで変わっちゃったの。

それはね、ウェーバーが、差別的かもしれないけど、賤民《せんみん》資本主義と言ってるんですよ。要するにやらずぶったくり。

やっぱり、生産的な労働や、われわれが、これはノーマルだと考える交換価値を通じて、適正な商行為を通じて継続的に、利益を蓄積していく。資本主義というのはこういうものだと、教科書的にはあるわけですよ。アダム・スミスを持ち出すまでもなくね（笑）。ところがね、八〇年代を見ていると、やらずぶったくりの資本主義なんだと。それでいいと。

在日の場合もね、そこでものすごく一攫千金《いっかくせんきん》の人が出てきたわけですよ。正直に言うと。

―**寺脇**― 分とか程とかっていうのは、封建的文脈で使われることがあるので、気を付けなければいけないけれども、果てしなく儲けるっていうのはやっぱり程を知らない、分を知らないということだと感じます。いま（安倍政権当時）、「戦後レジーム（体制・枠組み）からの脱却」なんて言う人たちは、ほんとは分や程っていうのは、封建的力によって保持されていたという考え方ですよね。

——**姜**——そうなんだよね。

——**寺脇**——確かにそういう要素もないわけじゃないけれど。

実は私は、この憲法を作った頃に元気だった人たちにお話を聞く機会を、努力して作っているんです。その頃二十代だった人たち。いま八十代以上の人たち。そうするとやっぱりね、「押しつけられた」なんて冗談じゃないよってみんな言うわけですよ。それはもちろんアメリカからきたものだけど、そのときに自分で考えて、自分のものにしたんだよ、と。

文部省の大先輩などにも聞くし、あるいは経済同友会で活躍して、私もずいぶんかわいがっていただいた住友信託銀行の桜井修さんや中央教育審議会の会長をなさった日本郵船の根本二郎さんなどは、いまだにお元気ですから、直接聞いたことがある。彼らはバリバリの経済人ですが、寺脇さん実はこうなんだよって、昭和一〇年代からの話を聞かせてもらったことがあります。例えば戦後、企業人たちがトランジスタ売ったから日本経済がよくなったとか思われてたら大間違いだと。自分たちがアメリカやヨーロッパに行って、確かに汗水たらして経済を立て直した。その根っこにあったのは、日本にあの憲法がある、という誇りだ。アメリカの田舎を行商して歩いて、トランジスタのセールスマンとか嘲《あざけ》られても、そのときに常にあったのは、俺たちは貧しいし敗戦国だけど、俺たちには平和立国があるんだ、という気概だった。桜井さんや根本さんのような戦後経済の開拓者の世代は、いかにもあとの世代の人たちから、あの頃経済優先主義でやりましたからね、みたいなことを言われてるけど、ほんとの経済優先主義っていうのは八〇年代のやつらだろうと。

――**姜**――その通り。

日本は経済中心主義だとか、何でもカネだとか、唾棄《だき》すべきイキモノとしての人間、そのイメージがどこにあるかというと、四十代の人にとっては、結局あのバブル期なんです。

その前、特に五六年、経済白書が「もはや戦後ではない」と書いたけど、僕は熊本に住んでて、あのころは全般的にみんなが貧しかったし、在日に対する差別もほんとうにあったから、なにもノスタルジックに言うんではなくて、やっぱりそこには、憲法について漠然としてではあれ、みんながこれで戦争がなくて、やっぱり平和のほうがいいんではないかと。そういう芯になる心情があったんですよね。

ところが八〇年代はね、まさしく青天井、欲望は肥大化すればするほどいいんだ、自らを律するなんてことは、ちゃんちゃらおかしいと。アカデミックな世界でも、自らを律することを近代主義だ、なんて言いだしたわけですよ。近代の、なにか悪しきパラダイムがあるんだとかね、まことしやかに言って、要するに戯《たわむ》れて、遊びで、そして享受して、っていうのが礼賛《らいさん》されて。あのときね、僕、なにか底が抜けたような気がしたんですよ。

私の知っている大学人でも、もともとがストイックな先生で、ご自身の仕事場を、渋谷に持ってたんですね。ほんとひどい部屋なんですよ。そこで細々と研究をしていた。その部屋がいつの間にか数千万円になっちゃった。それで、なんだろう、魔が差したというか（笑）、そういうことをおっしゃって。えー、この先生がそう言うのっていうぐらいにね。

寺脇――それはすごくよくわかります。私の父親は、鹿児島の田舎の貧しい農家の生まれで、そこから上昇志向でずっときたくそまじめな人。彼は私が子どもの頃から、株なんていうものはまともな人間のやるもんじゃない。汗を流さずして儲けるなんていうことは絶対おかしいと言ってきた。その父親が、バブルのときにＮＴＴ株を買ったのには私はびっくりしちゃって。

姜――はっはは（笑）。

寺脇――実は私は大学を卒業するまで飛行機に乗ったことがなかったんですね。鹿児島から東京にくるとき、その当時飛行機のほうが安い場合があったわけですよ。スカイメイトという制度があって、空席があれば学生は半額で乗れた。だけど飛行機には乗らなかった。なぜかというと、母方の祖母が、明治生まれの人で、学生が飛行機なんてとんでもない、学生がタクシーなんてとんでもない、学生は分をわきまえて学生らしくすべきだって言う人だったんです。当時の私としては、当然反発はあるんですよ。それはおばあちゃん、時代が違うよと。そういう部分と、一方でそれはそれなりの理屈もわかるわけですね。そうすると自分のなかで新しい折り合いをつけなきゃいけないわけですよ。

だから、私は、学生の間は飛行機には乗らないことにした。そういうことを自分が考えているのは、儒教的文脈で考えてるんじゃないんです。祖母は儒教的文脈のなかで考えていたのかもしれないけど、私の世代がそれを受けて自分のなかで整理しようとすると、日本国憲法的文脈で考えざるを得ないわけですね。貧しい人もいるじゃないか、中卒で働いている人たちもいるわけだしとか、そんなことで自分を整理していかないといけないんですね。

━━ 姜 ━━ 僕もそう思う。僕の頃まで、井沢八郎の「ああ上野駅」があって、啄木の、「ふるさとの　訛《なま》りなつかし　停車場の……」のような世界があって、鹿児島からも「金の卵」がくるわけでしょう。だいたい大田区とかあっちの方の町工場に行って、そういう人たちは働く。で、たまたま学生の身分を続けられた僕らも、なんかそういうことは意識のなかにあるから、やっぱり無際限に享楽的になろう、なんて思いもしなかった。なれなかったしね。

日本国憲法というのは、なにかこう、節度というものを内包しているように思いますね。

公というものは結局自分たちが作るものだと。自分たちを律して、自分たちが作るからこそ、公というものに自分も従うと。分限というのは、日本国憲法的なコンテクストからすると、やっぱり市民的な分限ですよね。

―**寺脇**― 前近代の、身分制度があるときは、お前は身分が低いんだからわきまえろ、だった。実はさっき言ったうちの祖母というのは地主階級の出なんですね。彼女の時代は、小作人は分をわきまえて、地主様の前ではかしこまる。しかし地主のほうも分をわきまえて、小作人の貧しいなかに優秀な子がいたら、これは地主の責任において、しかるべき教育を受けさせなきゃいけない。そのときに東京の屋敷にはそういう書生がいっぱいいたそうです。戦前の分のわきまえ方もですよ、なにも下の者だけが分をわきまえさせられていたわけではなくて、上は上で分をわきまえないといけなかったわけでしょう。

階級がなくなったら、こんどは縦でなく横で、分を考えなきゃいけないじゃないですか。私がそのときに自分が分をわきまえる抑止力になるものは、理念としては確かに日本国憲法だけれど、もっと具体的には、中学を卒業して働いている自分の小学校時代の同級生などが、実際にいるわけだし、そういうときに自分の分をどう考えるかということになるわけです。

―**姜**― いま抑止力というのがあらゆるところからなくなってきた。一足飛びに飛ぶようですけど、例えば自衛権ってあるじゃん、あるに決まってると。誰だって、誰かから襲われれば、自然権として自分を守らなきゃいけない。ところがその先が問題で、個別的自衛権か集団的自衛権かそんなことは関係ない、基本的に自衛権はあるんだと。そういう乱暴なのがいまの集団的自衛権の議論だというふうに、僕には見える。

そうするとね、これまで内閣法制局は、営々として、集団的自衛権はこの憲法では認められない、という解釈をやってきた、それは一体なんだったんだと。自衛権はあるけども、集団的自衛権はこれを使わないというふうに、膨大な知恵の積み重ねのうえにその一線が成り立っているわけですよ。ところが、一部の議論を聞いていると、内閣法制局は、内閣の一部局だと言う。内閣の一部局が、内閣を拘束するような意見を吐くとは何事だと、政治家が言うわけです。

まったくこれは底の抜けた、議論にもならない暴論で、もちろん官僚制度であっても頂点は政治家が握るわけですが、内閣にも憲法遵守の義務はあるわけですよね。だから本来、憲法改定については、時の内閣がそれを発議するんじゃなくて、やっぱり政党がやらなくちゃいけない。

――湾岸戦争のときの国会審議のなかではまだ、内閣法制局は公務員として、憲法に従ったことを誠実にやっていましたよ。

—姜— そうですよね。公務員、公に仕える全体の奉仕者、そういう人たちが法律によって自らを縛るからこそ、全体の奉仕者として、自分の個人的意見とはまた別の人格をもって務めなきゃいけないという矩《のり》があるわけですよね。もはやそういう矩もへったくれもない。

—寺脇— 公務員の矩というのは、私が役所に入ったころは誰でもわかる言葉だったです。今ノリとか言ったら……

—姜— 悪乗りのノリ（笑）。

—寺脇— 公務員のノリで言ってんでしょ、みたいな話になるんだけど、七〇年代に私が役人になったときには、公務員の矩っていう言葉を知らないやつは馬鹿だった。いまやその矩というのは死語になっている。プロセスで言うならば、右も左も、公務員のなかの権力を濫用するやつも矩をわきまえずにやって、一方で進歩的だと称する人たちも矩をわきまえずに、内心の自由があるから何をやってもいいんだって言うから、お前がそう出るならこっちもこう出るみたいな、ノリこえ競争みたいな……（笑）。

ほんとはそうじゃなくて、折り合いなんですよ。例えばね、俺は本当は、国旗の前で直立不動すべきだと思っているけども、それはやりすぎだからそこまでは言わんと。しかし、国旗を掲げて入学式をやるっていうのは、ルールで決まっているんだから掲げるのはいいじゃないかと。すると、相手の側はそれすらも嫌だとか言ったりするからね、国旗を見たくもないと。すると今度は東京都教育委員会のやっていることみたいに、行政側が全く我慢しなくなっちゃって、教室にも日の丸掲げろとか、日の丸掲揚やらないやつはこう処分しろとか。東京都の日の丸君が代問題だって、こっち側には朝日新聞がついて、こっち側には産経新聞がついて、もっとやれっていうもんだから、どんどんお互いが矩をこえていってしまう。だけど組合側が矩をこえたからって大した実害を国民に及ぼさないけど、行政側が矩をこえることを正当化していっちゃったら、ほんとに国民に実害を与えるんですよ。

―**姜**― 園遊会で天皇があいう発言［7］をされたっていうのも、いかにノリこえ競争（笑）がひどいかっていうことのあらわれだと思うんだけど。

❼二〇〇四年一〇月の園遊会で、米長邦雄・東京都教育委員の「日本中の学校に国旗を揚げて国歌を斉唱させるというのが私の仕事でございます」という言葉に対して、「やはり、強制でないことが望ましい」という趣旨の天皇のご応答があった。

キータームは「許せない」

――**姜**――それぞれの心の中の、抑止のメカニズムがなくなってくると、相互不信の世界になるんですね。それから、ものすごくね、人々の心の許容範囲が狭まっている。ネット上でよく出てくるキータームは「許せない」だそうです。横の関係が、相互不信と「許せない」、不寛容同士の関係になるとどうなるか。結局それは、自らを律することで公を立ち上げるよりは、外部権力に完全に委託して、一律網《あみ》をかけてもらうという発想になる。

――**寺脇**――相互不信や不寛容になったのは戦後レジームのせいだとまた言い出す人がいるわけだけど、そうではないんですよ。

私の大好きなエピソードで、大阪万博のときに、新幹線がすし詰めで身動きもとれないときに、一号車の端に乗ってる母親のために、八号車の食堂車からお湯の入った哺乳瓶をそっちまで客がみんなで渡して、そこで粉ミルクをお湯で溶いて、っていう話があった。それって一九七〇年ですよ。新幹線なんてそれこそもっとも近代的な、乗り合わせ社会じゃないですか。村落社会のなかでかつては助け合いがあったとかいう話じゃないわけですよ。一番そういうものが希薄な部分でもね、それができたっていうのは、やっぱりそれは、律するものが憲法である時代に、みんなでそうするしかないじゃないかって思ったんじゃないかなあ。

―姜― ちょっと意外に思われるかも知れないんですけど、僕はトヨタ財団の仕事を少ししていて、財団では地域社会プログラムを五年前から作っているんですよ。地域社会の再生をするためのイニシアチブ（主導性）を作るようなプロジェクトにグラント（奨励金）をあげると。これには僕もかなりいれこみました。

自分がなぜそういうことを考えたのかなと思うと、やっぱり結局、在日は地域社会の一員として社会を支えていかないといけない。また同時に支えられるものでもある。

そのなかに一つ、自殺の問題があった。韓国も今、人口一〇万人あたりの自殺者が九十何名。日本より多いんですよ。なぜ日本や韓国でこんなに自殺が多いのかというと、もちろんいろんな個人責任は言いうるんですけど、それだけではない。そこの裏側にあるのは何かというと、おそらく、一回失敗するともうダメなんじゃないか、誰も手を差し伸べてくれないんじゃないかと、みんな孤立感を感じて、砂粒みたいに、アトム（原子）化しているわけですよね。

ポストバブル期以後、かえすがえすも、いろんな問題が起きたでしょう？　オウム事件だとか、地震などの自然災害とか、企業破綻とか、あらゆる組織の不祥事も出てきたし、なんかね、底割れ状態になってるんですよ。だから小渕内閣のときの、二一世紀の日本の構想、あの最初の方を読むとね、社会を支えていたものがぼろぼろと砕けていく、そういう文言が書いてあったんですよね。

だからなかには強い一元的な力で、鋳型《いがた》をはめればいいじゃないか、というようなことを待望する人々が、前より増えたんじゃないかなと感じるんです。

―寺脇― 私が大変気になってるのは、ワイドショーのコメンテイターをしているものですからそういうときに思うのですが、犯罪被害者のことをクローズアップし過ぎるわけです。例えば自分の妻が殺された。誰だってそれは腹が立つでしょう。だけどどこかでそれは、整理していかないと、社会が成り立たないわけです。ところが、番組の中で、すぐ、こいつ死刑にしろみたいなことが言われかねない。

日本国憲法の下で、法治主義をやっていくっていうときに、不満はあっても、約束事のなかで、それは殺された人にとっては絶対耐えられないだろうけど、こういうルールでやっていきましょう、とやってきたのが、いまやタガが外れてきている。

なにかこのごろの被害者重視の考え方は、いかにもよさげに聞こえるけれども、その中にとんでもない社会破壊の要素が隠れているような気がするんです。

――姜――それは同感ですね。

犯罪被害者にとっても実は本当に必要なものが、それによってかき消されていますね。温情的な人権主義があるから犯罪が増えたんだとか、すぐに槍玉に挙げられますが、本来遺族がいったい何を欲してるのか。それは僕は必ずしも報復ということではないと思う。でもテレビを見ている視聴者は、とにかく報復しろ、というふうに走る。そして報復が終わるとね、さっとみんな忘れちゃう。

――寺脇――例えば帝銀事件で死んだ人が何人もいるわけじゃないですか。平沢貞道さんが犯人かどうか別にして、遺族感情があるからと言って、死刑執行はしなかったですよね。疑問点がまだあったから。日本国憲法の精神を尊重すれば、それは国民感情にまかせた死刑執行はできない。

つまり法律って血も涙もないものなんですよ。法律に血や涙があっちゃ困るんです。血や涙があるのは、大岡越前守さまがいて、大岡裁きをするわけです。でも大岡裁きはノーだ、人治主義ではないということで近代日本はやってきてるんだから。

私なんかもよく、役人って血も涙もないんですねってひどいこと言われてきましたが、それは確かにそうなんです。法律を適用していくうえで血や涙はないですよ。

生活保護などが一番わかりやすいけれど、たとえば一〇〇万円より年間収入の低い人は生活保護を受けられるとして、一〇一万円の収入の人が来たときにどうするのかっていうのがありますよね。すごい葛藤がありますよ。一〇一万円じゃないか、しかしここにはこんな事情があるとかいったときに、いいえ、これ一〇〇万だからダメですよって言えなきゃいけない。これ、役人教育で若いやつはみんな悩むわけですよ。一〇一万円の人を助けてやりたいんです、というのがもともとの、普通の神経ですよ。しかしそうすると仕組みが崩れるから、それを淡々と運営していく役人っていうのが必要なんです。もちろんその役人にも、個人としては血も涙もあるんですよ。だけど役人であるという場面では、それはないんですよって決めないと過《あやま》ってしまう。

――姜――法律厳格主義が、こんにちの心情的な報復主義に対する一つの歯止めになっているという逆説的なことなんですね。

じゃお前は、自分の娘が無残に殺されたとして、どう思うんだと。僕も確かにそうなってみたときに、可能ならば自分の手で犯人を殺したくなるかも知れない。でもそれは結局は、自分自身を殺してしまうことになる。報復主義は近代社会を壊すんです。まさに「復讐するは我（神）にあり」という聖書の言葉の意味を噛みしめないといけない。現実にはそれは国家が代行する。

—**寺脇**— これは九条に関わってくることだけれど、報復よりもっと進んで、北朝鮮がミサイル撃ちそうになったら機先を制して攻撃しなきゃいけないみたいな話にすぐなるわけじゃないですか。でも、この国は一発撃たれるところまでは覚悟して我慢することにしたんじゃないですかって私なんかは思う。

—**姜**— なんだろう、やられたらやりかえす、っていうのばっかり。抑制というものが世の中全体に働かなくなってきている。喪《も》の儀式というものがありますよね、人が死んだ場合に。理由付けのしがたい暴力が行われてしまったときに、ただ報復するのじゃなくて、社会的な儀式的なものが、やがて被害者の感情を再生させる。9・11だって、「報復」に走る人たちもあれば、そうではなくて、内面的・社会的に祈念《きねん》することで報復なき鎮魂を行おうとする人たちもたくさんいるわけです。

ところがこの国では、そういうものがほとんどうまく働かなくなってきている。それにも八〇年代のバブルは関係なしとしない。だってわれわれが子どものときは、鎮守の森のこの樹は絶対に切ったらいかんよと、バチがあたるとかね、そういう世界が確かにあったわけですけど、もはや土地も、土地のいろんな記憶を抹殺されて、完全に投機の対象になったでしょう？　いろんな「神様」がいたところを、完全にすってんてんの更地にして、これでいくらだと、すべてを金銭に換算した。

あのときにね、土地神話が、マネー神話に移り変わりましたよね。あれは僕は決定的に重要な転機だったんじゃないかなと。

原則を通すべき時と変えるべき時

―**寺脇**― 法律には血も涙もない、という話で思い出したんですが、七八年ですか、初めて共通一次テストが導入された。そのときに、九州の高校で、先生が願書を出し忘れたという事件があった。そのために、三人ぐらいの生徒が、共通一次試験を受けられない状態になった。私、そのとき感動したのを今でも覚えているんですけど、時の大臣が、なんとかしてやれ、っておっしゃった。政治家ですから。それこそ遠山の金さん、大岡越前守ですね。そのときに、当時の文部省の幹部たちは、それをとめちゃったんです。

―**姜**― あ、とめた。

―**寺脇**― 結局その三人は受けられなかったんです。いやー偉いんだな、役人っていうのは、って思ったんです。

文部大臣が、自分の裁量でなんとかならんかと。やっぱり情としては言いますよね。そのときに、事務次官以下が言ったわけでしょう。大臣それはお気持ちはわかりますが、それをやっちゃったら、次にはじゃあこういうのを救済しろ、こういうのを救済しろって、収拾がつかなくなります。従って、血も涙もない大臣だと言われても原則を通してくださいと。

結局ね、日本国憲法を作ったときには、余裕がない社会だから、みんな我慢するんだから、そういうことも我慢しろよだったのに、余裕がある社会になってきたら、誰も我慢しなくてもいいんじゃないか、っていうことになっちゃったんだと思うんですね。

その後、一九九〇年代になると私も、先輩たちと同じ立場になってきますから、そこでいろいろ自分のなかで出てくるわけですよ。九三年に広島県に赴任すると、部落解放同盟の人たちの活動がさかんで、未解放部落の人たちにはいろんな手厚い措置がされ、そのころになると逆差別論なんかが出てくるような状況になっていた。そのなかで解放運動にも変容してもらわなきゃいけない。

私も八〇年代は最低の時代だったと思う。だけど九〇年代は頑張ったと思ってるんですよ。それなのに、また小泉時代になって全部突き崩しやがってというのが私の意識なんですね。

単純に言えば、七〇年代は可哀想なやつでも救わない。八〇年代は何でも救ってやれ。九〇年代は、救うか救わないかについて真剣な議論をしようということは少なくともあったんです。

例えば阪神淡路大震災のときのことで、先輩の大幹部と大喧嘩をしたことがあります。震災のとき私は広島県の教育長をしていて、一月一七日に阪神淡路大震災が近くで起こりました。そのあとすぐ高校入試をやるのかとか、大学入試をどうしろと、それこそ救済しろと、いう話が出てくる。私はまことに変な話だと、知事に言うわけですよ。その時の広島県知事は真に立派な人で、寺脇さん、広島県でこんなことが起こったらどうするか考えておこうねと言う。私は知事に、申し訳ないですけど広島県でこういうことが起こった場合には高校入試は中止させてもらいますよ。入試なんかやってる場合じゃないじゃないですか。もちろん受けられないんじゃなくて、それが全部おさまったあとで、全員合格させてやるとかいうふうなことをやればいいわけで、入試やりませんよって。そしたら知事もそうだねって。

もちろん被災者救済のためには、ほんとに生活生命に関わることについて血も涙もないことは一切言わない。だけど受験なんて生命に関わってるわけじゃないんだから、そこは我慢しろとか線引かないと、おかしなことになっちゃって、危急存亡のことじゃないときにお情けがあって、本当に困ってるときにお情けがこないようなことになりかねない。

文部省の先輩と喧嘩したのは、そのときに大学入試をやったわけですよね。当然だけど全国的に大学入試をやった。それに対する私の意見はこうです。被災地の子どもたちは受けるなよ、と。あとで、半年後とかに受けて、途中からでもいいから入れてやれよと。いまはとにかく復興のために、いい若いもんで受験するほど体力があるんだったら、人を助けてやりなさいよと言うべきじゃないですかと言ったら、そのえらい人が、冗談じゃないと。俺たち官僚は国民の安心と安全を守るためにいるんだ、文部省でできることは入試が普通に受けられるという安心を、早く与えて日常を取り戻すことなんだ、いや違うっていうんでやりあった。そういう議論をやるせめぎ合いがそこにはまだあったんですよ。九〇年代には。

部落解放同盟の問題でもね、教師による結婚差別事件っていうとんでもないことがあったんですが、それも私が担当で、直面するわけですね。

ある中学校の教師が、自分の教え子とただならぬ関係になった。当然大問題になるはずだけど、お前が高校を卒業したら結婚してやるから黙ってろと。その子はそれを信じて高校に行った。彼女が高校生のときに、彼女が被差別部落出身だということがわかったために、その教師が来て、あの約束は全部反古《ほご》だ、親が反対してるから結婚できないと。彼女はそれをはかなんで自殺をしたわけです。

そしてまた情けないことに日共系が庇《かば》うわけだよね、その男を。原水爆問題でも未解放部落問題でもそうだけど、共産党系と社会党系のセクト主義でものすごくおかしなことをしてきてるわけで、あれもちゃんと指弾しなきゃほんとうの原水爆反対運動にも部落解放運動にもならないと思うけど、社会党系は糾弾《きゅうだん》主義だから当然糾弾。共産党側は糾弾じゃないから、あまつさえその男を匿《かくま》って逃がすわけですよね。これはもう私もいたたまれないぐらいの辛さですよ。広島県の現職中学校教員がそんなことをして、女子高生は死んじゃった。

でも、刑事訴訟もできないわけですよね。別に犯罪じゃないわけだから。その糾弾のときにね、そこにいた人がちょっとって教えてくれて、あの方が死んだ子のお母さんで、その横にいるのが妹さんですよって。お二人とも静かに交渉を聴いておられた。

そこで、日本国憲法的整理ができたわけですよ、部落解放同盟との間に。絶対に再発しないって天地神明にかけて言えるかっていったらそれはできない。起こらない蓋然性を高めるっていうことしかない。そのためにどういうケアをしていけば、被害者も癒されうるのか。自分の娘がこんなになったけど、そのために広島県の学校現場でこんなことが二度と起こらないようなこういう取り組みができたっていうようなふうになっていくのか。そのときにやっぱり彼らもちゃんと話し合おうといってくれるわけですね。

そしてその一年後に、これはもう私の管理者責任以外のなにものでもないんですけども、県教委の指導主事が差別発言をしちゃったわけです。日本の同情左翼の一番いけないところなんですけど、要するに「差別はいかん」と概念だけで言ってるもんだから、地が出た。特殊教育って言うのも差別だからいかん、障害児教育って言い直せっていうような言葉狩り的なことを同情左翼がやっていてね、それで、「広島県ではね、特殊教育って言わないんですよ。他の県では特殊教育なんて差別的な言葉を使ってるけど、障害児教育って言うんですよ。なぜなら、特殊というのは特殊部落を思わせるからです」って言っちゃったんですよ。

言った人はもちろん反省はしてもらうけど、クビにはできない。あいつ辞めさせろ、という轟然たる声に対して、それは待って下さい、と私が言うしかない。
本人には、私が責任もって君を前面に出さないけど、君は自分の反差別主義がいかに上っ面のもんだったかっていうことをよく反省して、ほんとの意味での反差別になるようにしなさいと、言ったのです。

―姜― いろんな修羅場を経験されて来ているんですね。

―寺脇― ええ。それで、解放同盟の数百人の方々に対して私自身の言葉で事件を総括する反省の弁を述べました。謝罪して再発防止を約束すると同時に、自分自身として差別の本質、人権の本質をこう考えている、といった話をしました。そのときにね、しかし皆さん、何より大事なのは生存権ですよね、って言ったんです。そこからすべてが始まっていく。だからその教師結婚差別事件というのは許し難いわけですよ。生存権あってのあらゆる人権じゃないですか。そしたら、その発言に対しては賛同の拍手が湧いたんです。

第二章　天皇制をめぐる顕教《けんきょう》と密教

右も左も天皇利用

—姜— 僕はね、天皇制それ自体について発言したことや書いたことはいままでないんです。最近自分の中で腑《ふ》に落ちているのは、歴史学者の和田春樹さんがおっしゃったことなんですね。つまり、結局第一条（象徴天皇）と第九条（戦争放棄）［1、2］はセットなんだと。それは、憲法制定当時国民がそう理解したということでもあるんです。日本国民統合の象徴としての天皇という形とセットで、平和主義というものが国民のなかに理解されていたと和田さんはおっしゃっている。

日本国憲法の歴史的成立過程から見れば、ポツダム宣言を受諾するか否かという時に、国体護持ということは当時やっぱり至上命題だったわけだから。

岡本喜八の映画の、「日本の一番長い日」、にその光景が出てますよね。軍の統制派の人たちがどんどん失態を繰り返していくなかで、重臣層、天皇中心リベラルを結束して、どうやって国体を保持しながら、次の時代を切り開くか。そこをめぐるすごい角逐《かくちく》があるわけですね。

天皇中心リベラルと言われている人たちというのは、軍の統制派的なパワーエリートと、かなり複雑な関係だったと思うんです。これは近衛上奏文のなかにチラッと出てくるけれど、結局軍国主義のラッパを吹いている彼らというのは、このままいくと、国家社会主義になるんだと。国家社会主義になれば、天皇制は否定されかねない。こういう危惧は、伝統的な支配層のなかにあったと思う。そういう人たちが結集して、やがて、国体という観点から見るとある種のソフトランディング（軟着陸）を図っていく。

当時、連合軍全体の代表である極東委員会が、天皇免責に対して否定的な見解を出すのではないかという現実的な危惧があった。だから、やっぱり先手を打って、日本の改革をアメリカ主導でやらなきゃいけない。そのぎりぎりのときに、マッカーサー憲法草案を出して、憲法問題調査委員会の案を潰す。憲法問題調査委員会の案っていうのは、一言で言えば大日本帝国憲法を少し修正すればそれで済むんじゃないか、というものでしたからね。

有名な話なんですけど、広島県の宇品《うじな》で終戦を迎えた丸山真男さんが、情報将校に呼ばれて、丸山君、天皇はどうなるんだと聞かれたときに、丸山さんは、いや大丈夫です、君主制と民主制は共存します、と言ったという。イギリスを見ていればね、それはわかる。そういう君主制と民主制共存という理解のしかたは当然一般的にもあったと思うんですね。

ただ、下手をすると、アメリカの占領政策以上の、より劇的な変化が起こりかねなかった。そこで共和制化などの革命的変化をせきとめて、軟着陸をしていくには、結局はA級戦犯というのを決めて東京裁判で一応けじめをつけている。もう一方では憲法第一条で、天皇の実体的権限を完全に骨抜きにして、そして九条を歯止めとして置く。それは二度と日本が、軍事力において脅威にならないようにするということです。それをしないと、アメリカ以外の国が納得しないんじゃないかと。ちょっと単純化していますが。

イギリスやオーストラリア、オランダ、ソビエトや中国の意思もある。だから一条と九条は抱き合わせだった。むしろ九条というのは、一条というかたちで結実したものを保障する担保だった。よく護憲派の人がね、憲法第九条は、たくさんの血を流させたアジアに対する、なにかこう、ごめんなさいの証文ですというのは、これはあとからつけた話で、歴史的経過としてはそういうことです。

憲法第九条を変えるべしと言っている人たちの意見、もしくは自民党の憲法草案なんかを見ると、戦後憲法それ自体を、まったく新しいものに変えちゃおうというわけでしょう？現憲法の改正条項は九六条ですが、それがありながら、改正の具体的な手続きについては立法措置をやっていなかったから、国民投票法案なるものを通過させたわけですけれど、いまやってることは、部分的な条文改正というよりは、まったく違うものに変えちゃうということなので、それはね、戦後憲法の趣旨からすると、かなりきわどい。

第一条と第九条はセットだということは、昭和天皇も、いまの平成天皇も、それは理解していた、あるいは理解しておられると思うんですね。天皇という一つのオルガン、機関として在ると。この実状は、美濃部達吉の天皇機関説をそのまま踏襲したようなものですよ。

寺脇さんが言った通り、法律には血も涙もあってはならない。けだし名言だと思う。だからこそ政治があり得るわけ。法律の世界に血と涙を通せばね、法と政治の緊張関係はめちゃくちゃになってしまう。

それと同じ話で、もちろん天皇というのは国家のオルガンだから、天皇が個人的に何を考えているかで何かが左右されてはいけないというのが象徴天皇制ですよね。

―寺脇― そうです。天皇の言葉を右も左も利用しようとしますが、特に左が利用したりするのはまったくおかしい話だと思うんです。前にも話に出たように、天皇が園遊会で米長邦雄さんにおっしゃったということでも、それは政治的発言ではなくて、米長さんが言ったことに対して、いやそれはいきすぎじゃないのぐらいのことを言ったぐらいの話なんであって、天皇がいま東京都教委がやってることを全部やめなさいと言ったとかいう話ではないですよね。

国旗国歌法にだって、「強制する」とは書いてないわけで、たしかあのときの米長さんの発言は、「私は日の丸を掲げさせることを職務にしております」とひっくるめて言ったわけですね。言わんとする意味は、学校教育法および学習指導要領に基づいて、卒業式入学式において、国旗国歌を、しかるべきかたちで取り扱うということを東京都の場合やっていなかったので、それをきちんと法に基づいてやるべく、教育委員として仕事をしていますっていう意味ですよね。

でも言い方として、国旗を掲げさせることを仕事としていますと言われれば、それは、一般の家が元日に日の丸を掲げるかどうかっていうことまで含めての話として受け取られかねないから、天皇陛下としては当然それは強制ということではありませんよね、というふうに釘を刺された。

じゃあそのことを以てして、左翼が、天皇が入学式に掲げなくていいって言ったじゃないかっていうのはずいぶん乱暴な論理。天皇の利用、みたいな話です。左側の人たちは、天皇なんか認めないとか、わざと天ちゃんって呼んでみたり、みたいな態度をとることによって、自分がいかにラディカルで進歩的かというのを誇示しているきらいがある。まあ当然ですよね、社会主義者は天皇制なんか認めないんでしょうから。だから社会主義者は日本国憲法だって認めちゃいけないんだよと私は思うのですけれども、一方で九条の守り手面《づら》をしながらですね、天皇なんか認めないよっていうことを公言したりすることがある。

しかしまた一方で、戦前は言うに及ばず、いまですら、例えば小泉総理が天皇を尊敬していたとは到底思えないわけですね。安倍総理（当時）もこないだ園遊会をすっぽかしてアメリカに行った。保守政治家のなかにもいまの天皇の日本国憲法遵守を苦々しく思っている人たちがありますね。靖国の問題だってまさにそうなんであって、靖国に行くか行かないかっていうのは本来天皇の問題なんですよ。それなのに閣僚たちがまるで国家の代表であるかのようにふるまい、またマスコミもそう報じる。

私も実は戦前の歴史をずいぶん勉強したんです。明治以降、公務員がどう振る舞ってきたのか、なかんずく、大失敗したときの研究をしておかないといけないと思いまして。

一番大失敗したのは昭和一一、二年から二〇年ぐらいまでの約十年間ですが、勉強しているとね、その当時、国民には、天皇陛下っていう言葉を聞いただけで直立不動にしろとか言っている一方で、軍人や政治家たちが、天皇に対してほんとにどれだけの敬意をもっていたのか、疑問に思いましたね。

一方で、議会制民主主義っていうのも決して戦前になかったわけではなくて、大日本帝国憲法には帝国議会のことは結構詳しく書いてあるんですね。

ところが日本国憲法と著しく違うのは、内閣に関する規定が、日本国憲法では第五章「内閣」が六五条から七二条までありますね。ところが、大日本帝国憲法の方には「内閣」という章はないわけです。国務大臣及び枢密顧問ということで二条だけあって、しかも一条は枢密顧問の規定ですから、いわゆる内閣を組織する人については、大日本帝国憲法五五条で、「国務各大臣は天皇を輔弼《ほひつ》しその責に任ず」とあるだけなんですね。

内閣総理大臣という文言すら出てこないのです。にもかかわらず、議会についてはかなり文言が割かれている。したがって、いまの感覚で言うより、内閣総理大臣というのは軽かったのかもしれないし、その分、議員であることは重かったのかもしれない。

けれど、あの頃になると、内閣総理大臣も国会議員からなっている人はほとんどいないわけで、陸軍大将であってみたり、近衛文麿さんは議員からだけど、貴族院議員ですね。だから衆議院で、斉藤隆夫議員が粛軍演説とかやっているときにも、国務大臣たちは衆議院から選ばれた人たちではなかった。議員内閣制ではないですからね。政友会なら政友会が多数をとって首班指名をしたたわけではなくて、政友会が多数党だから、よしその中から総理大臣を選ぼうと天皇が決めてやっていくわけじゃないですか。

当時の国務大臣は、そうやって選挙によらず任命された。いまで言えば役人の、例えば事務次官と同じなわけです。だから、野口悠紀雄さんが書いてらっしゃる、「一九四〇年体制」を作るときに、小林一三商工大臣と岸事務次官がものすごい議論をしたと言われますが。いまはそんなのあり得ないですよ。大臣は国会から選ばれてきた人なんですから、それに事務次官が噛みつくなんてね。

でも、一九四〇年体制論争は結局岸さんのほうが勝つわけですね。それはどっちも同じ源から来ているからなんですよ。なぜ大臣であるか、なぜ次官であるかという淵源を辿っていけば、天皇の方から来ているのであって、民意から来ているんじゃない。

他方当時でも衆議院議員は、制限選挙の制度はともかくとして、民意によって選ばれて来ている。そういう図式があったということです。そんななか、天皇機関説なども出る情勢で、それこそ、都合のいいときだけ天皇を機関として利用して、都合のいいときだけ神様だっていうふうな二枚舌を当時の内閣、陸軍、海軍も含めた内閣は使っていたということなんです。四〇年体制の頃の、『言論統制』（中公新書）という本がありますよね。私は遅ればせながら読んで、この本に出てくる情報官の鈴木庫三っていう主人公がね、いかに自分に似てるかということを感じたんです。

彼が、当時の内務官僚としてやろうとしたことというのは、私にはまったく納得のいくことが多いわけですね。当時の大日本帝国憲法下で、法に基づいて、為すべきことは為していかなきゃいけないということを彼は言うわけです。

私がゆとり教育のときやっていたことと、鈴木庫三がそのときドン・キホーテみたいにしてやっていたこととあんまり変わらないです。でも鈴木庫三もだんだん、国家社会主義みたいな考え方になっていくわけですよね。さすがに天皇はいらんとは思わないけれども、財閥がこういうことやってちゃいかん、みたいなことを考えていく。私と違って、そこからは明らかに逸脱が始まっていますが。

つまりいま私たちが学校で習ったりしている知識においてはですよ、戦前はみんな天皇を神様と思ってやっていた、と思い込まされている。学校で習うだけじゃなしに、私の父に聞いても母に聞いても彼らは庶民ですから、「天皇にも困ったもんだよ」みたいな会話をしていた階層とは違うわけです。だから、もう天皇が言ったら誰も逆らえなかったみたいな誤解が蔓延していくのが当たり前の話なんだけど、厳密に調べていくと、そうとは言えない。天皇の戦争責任の問題だって、私はまったくないとは全然思わないけれども、全責任があの人にあったっていうことなんかあり得ないということは、その意思決定プロセスを見ていけばわかるわけです。

―**姜**― いわゆる密教と顕教の使い分けなんですね。あるときから、建前としての顕教が、密教を封殺していく。それが天皇機関説の封殺だったと思います。当時もともと天皇機関説っていうのは、当時もある意味では常識だったわけですよ。明治国家のなかのパワーエリートや、あるいは公務員にとっては。

―**寺脇**― そうそうそう。

―**姜**― その常識であるものを学説的に、体系的に述べただけであって、それがとてつもない批判の対象になるわけでしょう。そのときから、ある種の神懸かりになっちゃうわけですよね。

この間、専門が政治学とか、もう少し哲学的なことをやっている人たちと話をしていたときに、聞いていると実に様々な天皇観があった。やっぱり日本の民主主義を考えるときに、天皇制は制約だから、それを改めないと日本の民主主義っていうのはダメなんだという考えと、もうひとつは、違う、松下圭一じゃないけど、いまのはもう実態として大衆天皇制じゃないかと。大衆がそれを支えている。天皇制がなくなれば、より民主的な国になるなんていうのは、これは問題のはき違えであって、むしろ天皇制をどうするかという問題よりは、これ吉本隆明的になるかもしれないけど、大衆のナショナリズムのありかたのほうがもっと問題なんだと。

僕個人はね、やっぱり日本国民が、第一条と第九条を相互に不可欠なものとして持って戦後に船出をしたんだ、というふうに考えたい。そういう形で六十年を、他国民を自国の軍隊が殺すことは一度もなく来たのだし。

共産党の野坂参三は、戦時中中国国内で日本の一般兵士に投降を呼びかける作業などをやってね、その結果わかったことは、一般兵士からは、軍部や官僚や政治家に対する罵詈《ばり》雑言《ぞうごん》は聞こえきても、天皇に対する非難がましいことはほとんどなかった。それを知った野坂はね、あのときの共産党の国内派とは違って、天皇制廃棄とは言わなかったんですね。

京大の高坂正堯さんがご存命の時、あるところでなんと言ったかというと、天皇は掛け軸だと。床の間に掛け軸がないと殺風景でしょ、掛け軸があると、これは、冴えるんですよと。それを聞いたとき僕はびっくりした。これはね、僕のように熊本で育って、やっぱりいまの天皇ご夫妻が僕らの前を通り過ぎるというのを何時間も待って旗を振った、そういうエートスで育った人間からするとね、出てこない言葉なわけです。天皇に関わる密教的な言い方ですね。これは非常に、ある意味ではリアリストの言葉なのかもしれない。

そんなことを聞くと、かつての時代にも、ほんとに額面通りに天皇制ナショナリズムというのが、パワーエリートのなかにあったんだろうかと疑わしくなってくるんですね。

現在はたぶんもうほとんど、例えば若い人に「君は天皇制をどう思う？」と聞いたとしたって、満足な答えすら出てこないんでしょうね。そういう存在にまでなってしまった。でも第一条はある。

だから僕は、第九条を支持して第一条を変えようなんていうのは、政治的にも歴史的にもまったくボケた発想であって、いまは、第一条と第九条をセットにすることによってしか、戦後を貫いてきた原則は保たれない、と思うんです。

―寺脇― 一条と九条もそのようにセットとして考えるべきですが、一条と、第三章の権利義務規定もセットなんですよね。

戦争を繰り返さないことを保証するために一条と九条があるならば、一方に、やはり一条と関係して身分制という問題があります。未解放部落の人たちが天皇制を認めたくないという理由はおそらくそちらのほうだと思いますね。天皇制のもと、身分というもので何が行われてきたか。憲法第一条にある現在の天皇制の性格付けは、人権、権利義務の問題とも関係してくるわけですよ。第一条のその装置を外す、天皇制だけやめるということになるとですね、天皇以外のモンスターシンボルが出てきかねない。

つまり、日本国憲法の下では、天皇以外の人はみんな平等なんです、ということを憲法は表しているわけです。一億二七九九万九九九九人が平等であって、それ以外に、天皇、皇族という、戸籍もなければ選挙権もない人たちがいますと。憲法の第三章においてつまびらかにされているように、人権をみんなに与えました。権力の淵源は天皇ではありません。それもセットになっているわけです。ひっくりかえして見ると、基本的人権がこれだけ考えられているのに、天皇及び皇族だけが基本的人権がないわけですよね。

そのことにいまの国民は気づきはじめているんだと思うんです。雅子さんかわいそうにね。あるいは美智子妃殿下もかわいそうにね、みたいな意識。戦前に庶民のなかで、天皇がかわいそうだと思った人なんて絶対いませんよ。だけどいまはそれを思うわけです。

私は姜さんのご経験のように、子どもの時に天皇に旗を振った体験はなくて、天皇体験っていうのは官僚になってからなんです。官僚として私が天皇をお迎えする。甚《はなは》だしきは送迎のトップに立ったこともあります。広島県教育長をしているときに。

そのときに私が感じたのは、天皇は公務員ではないけれども、公的存在の最たるものだと。これはやっぱり直立不動にならざるを得ないですね。もちろん私もですね、文部大臣、文部科学大臣に対してだって基本的に直立不動をしてきたわけですよ。つまり国民の側が選んできた内閣総理大臣や国務大臣にも直立不動。天皇に対しても直立不動。それは、公的なものに対する敬意。

いまやむしろ庶民は、天皇の前で胡座《あぐら》をかいていたってかまわないんだけど、内閣総理大臣や国務大臣や公務員はきちんとしなきゃいけないわけですよ。だから小泉さんや安倍さんが靖国神社に行く、天皇は一貫して、「A級戦犯」合祀以来行っていないわけですから、天皇が行かないのに自分が行くということについてどう思うのか。

もうひとつ思うのですが、小泉さんがアメリカに行ってプレスリーの真似したって全然かまわないけど、天皇が訪米されたときにプレスリーの真似なんか絶対できない。つまりそれは、自分は日本国の象徴であるからして、そこでプレスリーの真似なんかするっていうことは、日本国民と日本文化を冒涜するものだと思ってらっしゃるはずだからやらないでしょう。内閣総理大臣は象徴じゃないから、単にその時の職で来ている人だから、プライベートタイムではプレスリーの真似したって日本国民を冒涜したことにはならないわけでしょう。そういう違いがある。

そして、小泉さんや安倍さんが個人的趣味で靖国に行きたいから行きましたっていう話の軽さね。あるいは、中国の胡錦涛さんがきたときに麻生外務大臣（当時）が、こっちはナンバーワン（安倍総理）が行ったのにあっちはナンバーツーかよ、っていうふうに言ったと伝えられていますよね。これもはき違えの最たるもので、こっちのナンバーワンは安倍総理じゃなくて天皇でしょ、私はそう思うけど。厳密に言えば元首はどっちかっていうのははっきりさせていないところもあるわけですが、しかし中国の国家主席が来たときにね、こっちはナンバーワンが行ったのにって言うのは明らかに天皇の存在が意識から落ちてる。

❶**憲法第一条**：天皇は、日本国の象徴であり日本国民統合の象徴であって、この地位は、主権の存する日本国民の総意に基づく。

❷**憲法第九条**：日本国民は、正義と秩序を基調とする国際平和を誠実に希求し、国権の発動たる戦争と、武力による威嚇又は武力の行使は、国際紛争を解決する手段としては、永久にこれを放棄する。
②前項の目的を達するため、陸海空軍その他の戦力は、これを保持しない。国の交戦権は、これを認めない。

第一章「天皇」を直視せよ

――**姜**―― 例えばフランスは共和制になっているから、それですべていいのか。一方日本というのは、政体からみるとね、立憲君主制だと言う人もいるでしょう。そこは非常に曖昧になっているかもしれない。問題は、日本が共和制になろうが、立憲君主制的な形態をとろうが、やっぱりみんなは何らかのシンボルを作るはずでしょう。これは坂口安吾も言っていることなんだけど。

共和制のほうが、国家としてベターだという根拠は、べつにないわけですよね。アメリカ合州国が建国以来どれだけ戦争を繰り返してきたか。フランスだって共和制のなかで一貫して植民地支配をやってきたわけだから。ただ、天皇をめぐる問題として、過去の問題と、それから依然として、「菊のタブー」があるではないかという議論がある。ただ、北一輝だって結局、『日本改造法案大綱』をみれば、やっぱり国家あっての天皇だと言っている。天皇が国家なんじゃないんだと。まるっきり国家機関説なんですよ。それをぐっと延長した先には国家社会主義がある。岸信介とか彼らは、密教のなかでもかなり密教的な考えを持ってたんじゃないか。

結局、国家を何によってシンボライズさせるのか。これに対するつきつめた議論が、戦後あまりなされてこなかった。それで、何か天皇制がなくなれば、国家が廃棄されるような、そういう幻想すらあった。ところがいまの現実では、もうはっきり言うと、天皇こそが重石《おもし》になってるわけです、明らかに。

だからもう少し、天皇制について自由な議論ができていいし、歴史的には、どういう成り立ちで第一条が出てきたのかということについて、自覚しておかないといけないと思う。憲法が「第一章　天皇」から始まっているのが愉快じゃないという人も確かにいるけれども、大事なのは、戦前から戦後に憲法が変わっていくときにね、一体何が問題の軸だったのかということですよね。

いまの平成天皇というのは、昭和の後始末をどうするかということに、かなり意識的に心を砕いていることは間違いないと思います。皇太子のときに沖縄に行ったり、最近はサイパンに行かれたりとか。中国には行った、あとどうしても韓国に行きたいんじゃないかと。言ってみれば二十世紀の前半に起きた、日本と他のアジアの国々との間の歴史的な問題を、二十世紀の後半以降において、どうやって清算していくかということは、これは第一条に規定された天皇に課された、一つの役割なんだと思う。だから僕はね、天皇制がなくなったから民主的になるとはちょっと考えられないんです。

むしろ問題は、松下圭一氏が言う大衆天皇制という見方が、実際そうなってるわけで、もうスキャンダラスに暴いて暴いて、これだけ費消している対象もないわけでしょう。三島由紀夫が言った通り、これは結局週刊誌天皇じゃないかと。そんなのはダメだ、という意見も右派から出てくる。

寺脇――私、冗談じゃなしに、安倍総理が天皇をないがしろにするのはおじいさん（岸信介）の影響だと思ってるんです。麻生太郎外相（吉田茂の孫）もそうでしょう。臣民の側で育った人間からすると、戦前は神様だった。戦後はこうなって、そこで天皇というものに対する考えをリストラクチュア（再構築）しなければならなかったわけですね。ところが彼らは、爺ちゃんや一族がね、天皇を神格化して扱わない言動を日常の中でしていたに違いないのを、聞いているわけですよ。そういう意味でね、ちょっとそこらへんが軽くなっていませんかと。小泉さんだって祖父も父も閣僚経験がある政治家三代目じゃないですか。ところが、同じ政治家二世でも父が枢要なポストではなく選挙区から叩き上げで来ている小渕恵三さんみたいな人は、天皇が靖国に行ってないのに自分が行くなんてとんでもないと思われたのではないか。

これは安倍さんや麻生さんがおじいさんを持ち出してすぐ自分の正統性を主張するからそういうことを言っているだけの話であって、本人が祖父と私は関係ありませんという態度ならこんな揚げ足取りはしませんけれども。

一方で、姜さんも言及なさった大衆天皇主義について言えば、これだけいろんなことを書かれても国民が天皇を愛してるわけですよね。不自由で、基本的人権もなくて可哀想だと思っている。

これはいわゆる不敬というのとも違うので、そういう国民に対していまの天皇はおそらく不満をもっていない。次の天皇もそれを引き継いでほしいと切に願うけれども、もしそういう節度のない人が皇位に就いちゃったら大変なことになるわけです。

——**姜**——属人的な問題は、機関・制度であるとしてもやはり残るわけですね。大正デモクラシーがなぜあそこまで花開いたかというと、天皇の存在自体が、その時代やっぱり希薄な感じになっていたということがあると思うんです。

いまの大衆天皇制の中では、強要された忠誠心ではなくて、馴染み深い象徴だというふうに、多くの人々は思い、いま世論調査をしても、天皇制がないほうがいいという人はかなり少数派だと思う。


—寺脇— 天皇がいなくなっちゃったら、本当にフラット（平坦）な社会になるっていうふうに社会主義者は思ってるけど、社会主義国でもそんなことはかつてあり得ていない話。毛沢東やレーニンやカストロ、あるいはマルクスそのものが象徴であったりしているようにね。

どんなに国旗国歌に反対する、日の丸が嫌いだっていう人でもね、国旗がなくていいっていう人は聞いたことがない。日の丸は、悪しき思い出が染みついてるからやめろ。君が代なんて、私自身法的には国歌なんか別になくていいと思っている。国旗はないと海洋法上困ったりすることもあるかもしれないけど、国歌なんかなくたって、法律上は困らない。それでもどんな成り立ちの国でも、国旗も国歌もある。ということは、先ほどの、天皇制がなくても、必ずそれに代位するものが出てくるだろうということの高い蓋然性を示すわけですね。

民主主義で戦争するよりは、君主制だって戦争をしないで差別のない社会だったらそっちのほうがいいかもしれませんよね。やっぱり私たちは、マルクス主義史観とその影響の中でずっと歴史を見させられてきて、帝政とか王政っていうひどいのがあって、それが立憲君主制っていう少しましなのになって、みたいな言い方、教え方をしているけどね、それは嘘っぱちですよね。

―姜―『アメリカの民主政治』を書いたフランスのトクヴィルだって、どちらかというとアリストクラット（貴族制主義者）でした。民主主義の危うさを意識している。やはり戦後憲法を語る中でも、この国にはきちっとした国家論というものがなかったと思う。

国家というものは観念上、単に打倒の対象だった、という時代が長かった。僕自身も学生時代はそう思ったけど。

いままでは非常に雑な議論をしていた。それは「民主主義」ということについても同様です。例えば民主化が達成されていない頃の韓国では、民主主義というと、もうほんとに良くも悪くも観念的なスローガンだったわけですよ。でも、大韓民国というその国名通り民主化されたいまよく考えると、民主主義というものは必ずしも、これを全面的に祝福すべきものかどうかということですよね。

僕が西部邁さんとお話したときなどは、彼の議論について僕はいろいろ批判もしたけれども、結局民主主義というものが百パーセント善で、それですべてがうまくいくというのは、幻想以外のなにものでもない、その点では一致した。そうするとね、天皇制廃棄というならば、それに代わるものは何か。これは僕は、ほとんど代案はないんじゃないかと思います。いまのところはね。そして、憲法第一条にこういうかたちでそれが明記されているということを、目を逸《そ》らさずに、受けとめるべきではないのか。だから僕個人は、天皇制を否定したことは一度もないんです。

新興勢力の腹の中

―寺脇― かつては、アメリカ以外の国はほとんどみんな王様がいたわけです。だけどロシア革命のとき殺されちゃったりフランス革命でギロチンにあっちゃったりしてるからいまはあんまりいないわけですよね。そして戦後、何か象徴を作ろうとしたときに、たまたま日本にはそれがいたわけですよ。

だって、日本の象徴が安倍晋三だなんて言ったらみんないやになっちゃうわけでしょう？

それは別に安倍晋三さんのレベルが低いっていう意味じゃなくて、ストイックにずっとやってきた歴史というものを背負っていないとか、あるいはもうちょっと下世話に言うならば、いまの天皇や次に天皇になろうとしている人などを見たときに、およそこの人が戦争をしたり侵略したりするようなことをしそうには……

―姜― 見えないよね。

―寺脇― 戦争をするようなマインドをもってない。でも、例えば小泉さんにそんなマインドがないとは、まだ私たちにはわからない。

だいたいあの人たちはおそらく日本で一番ストイックに生きてきている人たちで、象徴ということを最大限の努力で担い通そうとして、相撲のひいきさえ慎ましやかに、何が好きかとも言わず暮らすような強い自律というのをもっている人たちだから。どの国だって象徴的なものは必要だとしたら、できるだけ無私の人がやった方がいいということじゃないでしょうか。まあ情緒的な論だけど。

私も西部邁さんを持ち出せば、民主主義なんて言うけどね、多数決っていう、いま生きている人間だけがそれを決するっていうのは傲慢ではないか、と彼は言う。いまの人間のずっと先祖はどう思ったかを考えろと。だから彼は天皇制についても、天皇っていうのはずっと祖先からの記憶で支えられて来ているわけであって、いま国民投票で天皇をなくせと言ったとしたら、それは不遜《ふそん》ではないかと言うでしょう。

でも、それは九条のことを考えたって言えるんですよね。いまの国民がたまたま調子づいて、集団的自衛権でも行使してアメリカと一緒になって日本も戦争やったら勝てそうだと思ってるけど、じゃあ私たちの親の代、祖父の代、さかのぼって見てごらんなさい。何千万人も戦争で被害を受けて、何百万人も死んでいって、そのときみんな二度と戦争はしたくないと思ったその記憶をね、捨て去って、私の内閣ではこれをやりますみたいな傲慢なものの言い方がよくできるもんだと。

―姜― 一条と九条はセットだという見方は、戦後的なトラッド（伝統）なんですね。いまの問題はどこにあるかというと、そのトラッドが、浅い観察からは非常に保守的に見えるということ。天皇制に反対しないのは保守なんだと。だから天皇制を変えなきゃいけないんだという立場が、自動的に革新的に見えるようになっていた。そこにはやっぱり戦前の革新官僚的な、ニュアンスがあるよね。

―寺脇― そうそう。そして小泉・安倍は改革派だと。戦前においても今においても、改革派だから左とは限らない。

いま姜さんが言われた戦後のトラッドをないがしろにするやつが改革派なんですね。

岸信介が昭和一五年にやろうとしたことも、それまでのトラッドの破壊だったわけだろうし、安倍晋三がやろうとしたことも、トラッドの破壊に見える。憲法改正は「私の内閣」の使命だなんてああいう憲法違反な言い方をしてるけど、内閣総理大臣には憲法を変える権限なんかないんですから。多数党の党首が、私の率いる多数党によって三分の二をとって改革しますっていうのは言っていい話なんだけど。

そういうことの曖昧さっていうのがたぶん戦前にもありいまもあり、左翼は左翼で、反天皇って言ったら俺は立派な革新主義者なんだって思い込んできた。でもそこはもう化けの皮が剥がれちゃってるから、一般の国民は、天皇制打破とか言ったって、何言ってんのこの人、みたいなことになるんだけど、おそろしいことに一般国民は、九条を変えて戦争できる国にっていうことに、お、それ結構いいかもしれないって思うようになっちゃってるっていうことなんですね。

―姜― 保守主義とは何かということについて、もっと考え直さなきゃいけない。おっしゃったように、何も革新とか改革なんていうのを左派が言うとは限らないんですから。小泉・安倍政権はね、なんだろう、僕の言葉で言うと、ブレーキとアクセルを一緒に踏むようなことやっちゃってたわけです。一方ではどんどんどんどんセイフティネットをなくして、一方で競争が善だと言い募《つの》る。

いま、地方に行くと大変ですよ。町村合併が起きてね、総予算が減ってお年寄りの介護が不充分になるとか、それこそ救急車を何台持てるかとかいう見通しもないし、かなり困窮しているんですよ。そんななかで「改革」をどんどん進める。それに疑問を立てる人は抵抗勢力と言う。

実際に起きていることはね、金融サービス業を始めとするある種の新興勢力に富のかなりの部分がどんどんかっさわれて行ってね、実際に生産的なインフラストラクチャにはお金が行かなかったりしているわけですよ。このあいだ朝日新聞で、オリックスの宮内義彦さんと、経団連の元会長の、新日鉄の今井さん、二人が議論していて、宮内さんの側は要するに、労働力というのはとっかえひっかえいつでもリニューアルできるんだと言う。一方今井さんは、やっぱり企業というものはできる限り完全雇用ということを考えて、人材を育成していかなければならないと。雇用の安定は必ず家庭を守っているし、そういうかたちで企業には社会的正義というものがあるんだと言う。二人の考え方は真っ向から対立している。これはある意味では、重厚長大型の生産的な産業と、ここ十年から二十年、世界的に出てきた新興勢力、情報金融サービス、実体経済とは言い難い勢力との間の利害の食い違いですね。利権の源泉の交代が起こりつつある。そういうなかで社会的再配分のメカニズムがまるっきりいままでと違う形になっている。

改革という名において、富の再配分のあり方が大きく変わろうとしていて、これは、七〇年代のわれわれの常識では受けとめられなかったはずのことなんですね。ところがいま、それが「常識」のなかに巧妙に埋め込まれている。競争社会が当たり前なんだ、個人責任だ、社会や国はそういう形で進む以外選択肢がないんだと。これはね、僕は、本来の保守の立場からすると、まるっきり相反すると思うんです。

秋葉原を想って戦死するのか

—寺脇— いまの自民党（福田政権はこの時まだ成立していない）は保守って言いつつね、やってることは保守じゃないわけですよ。ITもそうだけど、第三次産業で基幹産業を築くなんてあり得ないですよ。結局一攫千金をちらつかせて、お前もそうなれるかもしれないってみんなを駆り立ててるわけじゃないですか。それで思うのは、サッカーくじでこないだ六億円近い当選金が出ましたよね。

—姜— あれは文部省でやりはじめたこと？

—寺脇— もちろんそうです。かたちは自民党を中心とした、それこそ麻生太郎さんたちが中心になった議員立法ですけれどね。あれはね、やっぱりこの国が陥ってきた状況の一つの象徴だと思うんです。

最初はこんなことから始まるんです。バブルの頃は金があり余ってたから、スポーツにもみんなどんどん金を出してくれた。ところが九〇年代になってバブルがはじけたので、民間からスポーツを援助するということがほとんどできなくなったし、企業が持っているスポーツチームなども弱体化した。したがってこれは、いまのJリーグみたいな、地域スポーツクラブシステムに変えていかなきゃけないと。

それはまことにいいことだと私も思っていたのです。そしたら今度はその財源を捻出するために、サッカーくじをつくると。最初はそんな六億なんて誰も夢にも思ってなかったと思います。射幸心を煽らないようにとか、コンビニでは売らないようにとか、未成年が買えないようにしろとか、九〇年代の健全な国民はそれにチェックを入れたわけですよ。一攫千金社会をつくろうというのは、これはまことに子どもの教育によくないと、ＰＴＡが立ち上がったわけです。こんなことを議員立法するんだったらみんな落選させるよって言ったんで、国会議員が青くなっちゃって、また文部省になんとかしろと。それで当選金の最高額を上限一億円と低くした。かつコンビニで売るのもやめて、子どもにはもちろん買わせないようにするという建前でスタートした。ところが全然売れない。売れないと、国家財政を圧迫する。赤字を解消しなきゃいけない。だからコンビニでも売れるようにしてくださいといって売る。当選金も上げさせてくださいといって、当選金六億円なんていうものになっていくわけですね。

――**姜**――六億円っていうのは何？　全体で？

――**寺脇**――いや、一人が六億円もらえるんです。六億円が五本出たりするんです。

――**姜**――全部で三十億円になるの？　それはすごいね。

――そういう高額当選を目の前にちらつかされると、文化が変容してしまいますよね。

――**寺脇**――そう。程を知るとか分を知るっていう話をさきにもしましたけれど、一庶民がいきなり六億円をもつなんて分を知らなすぎだぜ、と思います。

射幸心を煽るというのは、少なくとも美しい国にするっていうこととは矛盾しているんですよ。そんなことをはじめ、さまざまな一攫千金的経済を広めている。だからはっきりすればいいんですよ。小泉さんや安倍さんは、私たちは天皇なんか実はそんなに尊敬してなかったんだよ、一条も九条もいっしょくたに変えちゃうからさ、もうアメリカみたいな国になろうよって言えばわかりやすい。

──姜── バブルが崩壊して、富をどこで生み出すかということに変化が表れたのと同時に、不公平な再配分をみんなが受け入れられるように、みんなの「常識」を変えてしまうために、いろんなことが行われた。われわれが学生の時代は、自分がどんなに働いたって、まあこのぐらいだろう、それはそれでいいよという、ある人生のイメージが描かれていたわけでしょう。いまは、極端なキャピタルゲインとかを得る人がいるから、もう願望が百倍二百倍になっちゃって幻想に狂ってるわけですよ、みんないっぺんに。

例えば金融機関に入って一年か二年の人間がトレーダーで、動かしてるのが何百億になったりするという。そういう金額を実際にキャピタルゲインで得られる人たちがいて、そういう人たちとそうでない人との格差はたしかにこれはもう……。ところがね、六〇年代七〇年代八〇年代以降と、世界の成長率はだんだん低減してるんですよ。ということは、間違いなく再配分のメカニズムが変わっているんです。

京都に行ったとき、タクシーの運転手さんから、同僚で、射幸心を煽るような、なんかで儲かっちゃった人がいて、運転手仲間で、じゃあ俺も俺もということで博打《ばくち》的なものに精を出して、結局自殺することになった人が多いと。こんなことは新聞にも出ませんよということを聞いてね、考えさせられた。なんかこう、みんなが、すれっからし的な雰囲気になっちゃっている。

—寺脇— 銀行だって、カネにカネを生ませることは同じで、昔で言えばサラ金と同じく高利貸しなわけですよね。私は落語が好きなんで、江戸時代のものの考え方も知る機会が結構あるのですが、「金持ちだけどあいつは高利貸し」だっていうのがあるわけです。水戸黄門でも時代劇でも高利貸しはだいたい悪役ですよね。当時の高利貸しだって合法的職業だからなにも悪党って言われることはないんだけど、それはやっぱりああいうことで金を儲けるのはまっとうじゃないという感覚はあった。

一方で、紀伊国屋文左右衛門はなぜ金持ちになったか。それはみかんがいま江戸で売れるぞって、命の危険を冒しながら、荒波を乗り切ってみかん船を出して、儲けましたという話。三越の三井家は初めて掛け売りをやるっていうアイデアで一代を成しました。なるほどねって思うじゃないですか。近代へ来ても、松下幸之助が二股ソケットを発明したとか、ブリジストンが地下足袋《じかたび》を発明して財を成しました、なるほどね、そういうのを見つけたらこうなるだろうね、と納得できるものだった。

でも、ホリエモンとかなんとかっていう人たちが、なぜ金持ちになったんですかっていうときにね、子どもでも納得するようなストーリーってないわけです。もちろん彼はある種の才覚があったんでしょうけど、納得できないわけですよね。一般的には。

—姜— 戦後すぐ、東大生が金融で儲けた光クラブ事件というのがありましたね。アバンギャルド（前衛的）なアプレゲール（戦後派）というか、戦後の虚無的な空気のなかであれは起きたんでしょうけど、そういうものがほとんど社会のメインになるとは、あの時代は思わなかった。国としてやらなければいけないことと、してはならないことの区分けが、もうほとんど、逆になっちゃってる。再分配して最低限の生活を守るんじゃなくて、競争しやすいように、しやすいようにと規制を外していくんだから。そういう現象を一方で進めていく人たちが、みんなをまとめるレトリック（修辞）として、愛国心を言い出す。

そういう現実を見ていくと、保守といいながら、やってることはもうウォール街に直結するような話で、改革なくして成長なしって言うんだけど、内需も喚起されないし、年間所得二、三百万以下で生きざるを得ない人が出てくるし、非正規雇用は増えていくし。

やはり金融サービスというのは、本来なら実体経済のためのある種の潤滑油なんだと思う。それ自体が主役ではない。それがもう、経済のカジノ現象の真ん中に座っている。よくわからないのは、なぜ円安、金利安をこんなにしておくのか。そしたらヘッジファンドの餌食《えじき》じゃないですか。金利が安いんだから、円をしこたま借りて、中国にぶちこむわけだよね。なんのことはない、金が金を生む。これが資本主義の究極の姿なのかもしれないけど。こうなると「ヴェニスの商人」のシャイロックがダーティだなんてことはもう言えなくて、これは異様な光景なんだなぁ。

—**寺脇**— 昔からのエスタブリッシュメント層っていうのは、もちろん日本にもある。でもその人たちは、一般人とは離れて生きていて、そうじゃない大衆を煽ろうとはしなかった。ところがいまや「セレブ」とか、お爺ちゃんの代がどうだったなんていう話がいっぱい出てきて、その消費スタイルが大衆的憧れになってしまっている。

それは日本社会のほんとの伝統とは違うんですね。

—**姜**— 共同体主義的な実体がなくなったときに、バーチャル（仮想現実的）なものが、ものすごく実感的なものを作り出すわけです。僕がいまのナショナリズムの雰囲気を信用できないのは、かつてはやっぱり、ナショナリズムの底には幻想であれ農本主義というものがあった。日本型の農本主義には、それなりの正義の根拠があった。いまはまるっきり人間がバラバラに原子化した都会のなかでね、メディアを通じて――だからアキバと、保守が結びついて街頭演説になるのかな。もうサブカル的な世界が、一挙に政治の前面に出てきている。

—**寺脇**— 最初に秋葉原で街頭演説やったのは麻生太郎さんでしょ。総裁選のときに。

私は戦争映画もたくさん観てますが、第二次大戦が舞台の戦争映画では、特攻隊員でも戦場で死ぬ人でも、思い浮かべる原風景は、たいてい田園の風景であり、村の風景なんですよね。自分たちを育ててくれたところ。「くに」。ところがいま戦争やりたい人が、仮に戦争やったとしますよ。九条変えて。そしたらたぶんその戦争映画ができたときにね、死んでいく兵士たちが秋葉原を思い浮かべて死ぬ（笑）。

私がやっぱり、豊葦原瑞穂《とよあしはらみずほ》の国であるところの日本人だなと思うのは、地方に行ったときに、稲穂がたわわに実ってる風景を見るとか、あるいは早苗が風にそよいでるところを見ると、心が慰められる。海もそう。力充ちてくる気がしますよね。これは日本という国が海洋国家であり、米を作ることによって成り立ってきたことの記憶の集積がそういう感覚を生んでるわけですね。

本来戦争っていうのは、土着的ナショナリズムと結びついて戦われるのに、そうでない、マクドナルドやセブンイレブンに囲まれたような状態のなかで戦争の蓋然性が高まるっていうのは非常に変な感じがしますね。

――**姜**――漱石の言葉じゃないけど、生命の根から引き離されて浮遊している感じ。「三四郎」のなかにもストレイシープ（迷える羊）が出てくるけど、僕は、ストレイシープというのはいまの国民の全般的状況じゃないかと思います。大都市それ自体がそうでしょう？　だからこそ抽象的観念的ナショナリズムが染みだしてくるのかな、と思う。

解釈改憲不可能な九条を

―寺脇― 九条の話に少し入ると、九条に関しては議論が機能していないんですね。この六十年近くの間に左翼がやってきた間抜けなことの数々がこういう状態を作ってきているわけだけど、うわついた、護憲対改憲みたいな議論しかされない。護憲の人はみんな、俺たちは革新的で進歩的でリベラルだと思っているし、改憲っていう人たちは、すぐにでも戦争したがってるみたいな図式でしか捉えないから。

私は別に憲法を変えればいいと思ってるわけじゃないけれど、護憲か改憲かって問われると、意地悪に、俺、改憲でもいいと思うよって言います。絶対に解釈改憲できないような九条にすればいいじゃないかって言うんですね。

集団的自衛権というときの自衛とは何なのかについても、ほとんど議論されていない。「自衛権ってなんなの?」と、私の映画論の学生に聞いてみたんですが、いま集団的自衛権を考えるとき、アメリカの船が撃たれることしか考えてないでしょう。それに対応することが、究極的に日本を護ることになるのか。

戦争を放棄したとき、この憲法を自らのものとした昭和二三年の人たちにとっては、自衛権とは自分の国を護ることでしかあり得なかったと思うんです。その時点の二年か三年前には、国土が侵略される体験をしたばかりだったわけですから。まあ満州国はもともとの日本国土ではないけれども、北海道の千島などではれっきとした国境線を越えてソ連軍が入ってきて、略奪暴行をやってるわけじゃないですか。だから当時の日本人は、自衛するというのはどんな状態かっていうのは分かっていたわけですね。それでもなおかつ、集団的自衛権はおろか、日本国土に敵が入ってくるまでは反撃しないっていうふうに決めた。そのことの凄さっていうのは考えなきゃいけない。

私も、入ってくるまでは一発も撃たないっていう考え方ですが、私は経験しないで概念で言っているけれど、当時の人たちはそれを分かって言っていた。だからいまこそ本当に、護憲って言う人には、一発ミサイルを撃たれるまで我慢するっていうことを、ほんとに国民に言えるのかどうかの覚悟を問いたい。

―姜― 集団的自衛権肯定論は憲法改定の裏口になっているわけですね。内閣法制局の解釈にも、これまで長年の積み重ねがある。一つは、明々白々たる侵略行為があったということ。二番目は、それ以外の手段を通じては対抗できない場合のみだということ。三番目は、その場合でも自衛権の行使は最小限度でなければならない、ということ。

最小限度だからこそ、自ずから日本は空母も持たないし、かつては空中給油機も持っていなかった。

だから自衛隊は、軍の組織の組み立て方も、兵器体系も、渡洋攻撃を行う軍隊とは違う。そういうかたちで何十年も積み重ねて来たのに、前にも話に出たように、内閣法制局は内閣の一部なのに内閣を拘束するのはけしからんというような、それまでにあったことをみんなすっ飛ばした、暴論が出てくる空気というのはいまは確かにある。

―寺脇― 第四章（国会）とか第五章（内閣）をすっとばしてる話なわけですね。内閣と議会との関係を見ていけば、法制局に、内閣における判断権がある。最高裁判所以外の機関においては唯一。

それをね、いま簡単に変えようとし、集団的自衛権ＯＫになったら次は必ず先制的自衛権の話になりますよ。つまり、ミサイル一発撃たれるまで我慢してないで、北朝鮮がこっちに向けた瞬間基地を叩きつぶしておくべきじゃないかと。

集団的自衛権と、いまの憲法でも認められている範囲の個別的自衛権のほかに、先制的自衛権っていう議論が本来はあって、この憲法をつくったときには先制的自衛権は明らかに考えていないわけですね。だって真珠湾攻撃は先制的自衛権だったわけでしょ。それはダメだっていう前提でやっているわけだから。集団的自衛権についても、おそらく当時は考えなかっただろうと想像される。ところがそこを左も曖昧にして、ただ護憲護憲と言ってきたものだから、つけこまれちゃって、風向きが変わった途端に、集団的自衛権ぐらい当たり前でしょ、となった。次は先制的自衛権も当たり前ですよみたいな話になっていきますよ。

―姜― 歴史的に言うと、鈴木善幸内閣のときに、日米の関係は同盟関係だという言葉が出てきて、それを認めない伊東正義外相は閣内不一致ということで自ら辞任して抵抗しましたよね。ところがいまはどんどん行くところまで行っちゃっても、誰も止めないね。責任問題にもならない。その奇妙な軽さ。

もうひとつ奇妙なのは、保守主義を語って「美しい国」などと言っている政権側の人たちが、一方で経済的には、およそ考えられないほど、共同体主義的なものを無残にも引き裂いている。人々をバラバラにする路線をせっせと進めている。オタクという言葉に対しては否定的な意味を最初から僕は持ちたくないんだけど、言ってみればその、人間の原子化の最たるものがオタクじゃないですか。他人はどうでもいいっていう。

―― それを動物化といった人もいますね。

―姜― 東浩紀君のようにね。同様のことはフランスのコジェーブという人が昔言っていたわけです。僕はその時はよくわからなかったけど、「人間」の死滅というような意味で。言ってみれば「オタク」や「動物」や「死んだ人間」が、なにか有象無象のＩＴ産業みたいなので攪拌《かくはん》されているかのようなイメージがあるわけでしょう。ＩＴって言っても、よくわかんないわけです、その本質は。そうすると、ＩＴと、ある種の国家主義なんていうものが出てくると、それは相性が良かったりする。

憲法っていうのは結局国のバラストですよね。重みのあるもの。どこに自分の指標を置くか、ということだから。それがね、ＩＴとナショナリズム気分のなかで軽々しく議論されるっていうのは……僕も、憲法を変えるなら変えるで、ちゃんと議論をしたいんです。ただ現状では、改憲ということの捉え方があまりにも軽い。

憲法学者で慶應大学にいる小林節さんなんか、最近憲法改正に反対になっちゃった。なぜかというと、改正したって同じだと。人々は憲法を軽々しく扱うに決まってるという、ある種のニヒリズム（虚無主義）に行きついちゃってるんですよね。

「日米同盟人」の誕生

―寺脇― 日米同盟という言葉が出てきたときに、いつ同盟になったの？ と思ったんです。同盟っていうと明らかに対等じゃないですか。日本とアメリカが仲間だっていうことはわかってるけど、いつ対等になったの？ と。

日本の歴史上、最も輝かしい同盟というのはおそらく日英同盟なんですよね。一九世紀の支配者イギリスと対等な関係を結んで、しかも第一次大戦の時はイギリスのためにわざわざ地中海まで駆逐艦を派遣していくわけですよ。もうほんとに、あれこそ同盟国であって、集団的自衛権であって、ドイツが支配していた中国の青島《チンタオ》をとりにいくのは帝国主義的野望があったにしても、地中海まで駆逐艦で、ものすごい苦労をして、途中で乗組員が死んだりして、本来地中海で作戦展開できるような海軍力をもってないのに、それでも行くわけです。日米同盟っていう言葉を使う人はおそらく念頭に日英同盟があるんだろうと思うんですけどね。

―姜― あのときは、日米同盟という言葉はアメリカ側から出てきて、鈴木首相自体は面食らったわけですね。

岸信介が安保改定をめぐって、ダレス国務長官に何て言ったかというと、日米を対等にしたいと。で、ダレスから笑われた。もしアメリカが、中南米かどこかでやばいときに、そこまで来てくれるかと言われて、行けるわけないんですからね。岸という人間が歪んでいるのは、彼はアメリカ大嫌いなわけでしょ。その人間が、アメリカの一番ウエルカムの人間に変身するわけだし、それによって、日米対等を目指す。

僕は、これは安倍首相のなかにも繰り返されていた感じがしています。客観的に言うと、日米対等なんてあり得ないんだけど、それをせっせとやる。やっぱりナショナリズムが目指すはずのものは、自衛というか独立自尊ですよね。それがますます、日米軍事一体化して隷従《れいじゅう》する。

—寺脇— そうやってもう根本的には隷従してるんだけど、まあ経済力で日本は頑張って、要するにイメージとしてはお武家さまと町人ですね。町人だからこっちはお武家さまに守ってもらうしかないわけなんだけど、町人も金は稼ぐことができる。

実は日本国憲法制定のときに、日本の自尊感情は何で持とうとしたかいうと、金もまだ持てないから、最初は文化に自尊感情を置くという約束事をしたんです。それはすごく正しい選択であって、素晴らしい憲法と教育基本法を持ったわけです。民主的で文化的な国家として、人類の福祉と世界の平和に貢献しようと、真面目に思ってた。ところが、まずいことに朝鮮戦争のおかげで金儲けができちゃった。そこから歪みが始まっている。

近いところでは、バブルが弾けてまた金がなくなっちゃったときに、文化に戻らなきゃいけなかったのに、日米同盟という、強者に隷従する、そっちの方向に行っちゃっている。

—姜—自分たちは文化に立つんだ、それが自分たちのアイデンティティなんだということは、当時、初発の志として、知識人もふつうの国民も含んでね、持っていたんだと思う。

—寺脇—九条というのは一面で、文化なわけですね。九条という考え方は、軍事的政治的には愚行かもしれない。でも、世界で最も素晴らしい文化的な条文でもあるわけです。だから、いまのように、文化も振り捨て、経済もこうなっちゃったときに、軍事政治の常識というか俗論の方に戻って行っちゃって、「普通の国」などと言っているわけですね。

—姜—だからもう、なんだろう、日米というのが、大きいパソコンとちょっと小さいパソコンが完全にドッキングしてね、同じOSで動いているような、そういうイメージなんです。

小泉氏がアメリカ人の真似をするパフォーマンスをやってね、アメリカのエリートたちの日本に対する見方の、かなり古くさいものが、より強化されたよね。ほんとの保守ならそれに気づくよね。

一国の首相、しかも国内的には絶大な人気を博している人がそういうことをするっていうことはね、もう……意外とどんな国もね、例えば韓国のパクチョンヒだって、イスンマンだって、あるいはベトナムのグエン・カオ・キだとかイランのパーレビ国王とか、アメリカを利用し利用された指導者がいろいろいたじゃないですか。普通私たちはそれを見て、あれはプペットだ、傀儡《かいらい》だと言ってたんだけど、実際の歴史を見てみると、彼らはそれぞれかなりアメリカとやりあってるんですよ。

――寺脇――だから天皇は大事なんですよ。天皇は絶対にアメリカに対して卑屈に振る舞わないから。昭和天皇とマッカーサーの会見では、それはある程度作られたストーリーだとしても、そこで天皇はマッカーサーに対して媚《こ》びなかった。マッカーサーが天皇に対して敬意を持ったっていう神話にしても、それをもって、この人をもう一回象徴として担ごうとしたわけでしょうが、やっぱりもし卑屈に振る舞っていたらそういう感想は出てこないと思うんですね。

――姜――そういう点では、日米の合作という面が確かにあったでしょう。それにしても、やっぱりいまの状況を見ていくと、これだけの大きな国が、なぜここまで……傀儡政権としかいいようがないような行動をしているのか? しかもある種嬉々として。

――寺脇――私はアメリカに媚びる気持ちは全然ない。アメリカの人とも仲良くしたいだけ。一方で私は、戦前のことについて、韓国の人に対して卑屈な感情も持たないですね。ただし正しい歴史認識をもって、歴史観を共有するのは大事なこと。それは卑屈になることとは別問題ですよ。

アメリカに卑屈になることの裏返しで、アジアに行くと卑屈になる人たちがいますよね。左翼の人たちの一部にはね。

―**姜**― 逆にアメリカに卑屈になるがゆえに、アジアに対しては尊大になるという人もいますね。

僕ははっきりわかるのはね、若者の感性や知識人の感覚のなかで、日米の二つがもうドッキングして、いわば身体化されているわけですね。それに対して、ある種違和感を持ったり、その身体化されたアメリカをね、自分でどういうふうに始末をつけるかということに悩むというかな、それがすでになくなっちゃっている。

―**寺脇**― 私らの世代だと、子どもが大きくなったら何になりたいって、アメリカ人になりたいって言ったって話がありますよね。それはとうてい叶わない憧れ。ところがいま、ある意味ではアメリカ人になっちゃってるわけですね。日米同盟人になっちゃってるわけですよ。アメリカと同じことができる、つまりどこにでも行って戦争もできる国にならなきゃいけないと。

―**姜**― 憲法改定問題というのは、憲法論だけの狭い世界のなかに閉じこめていると、なぜいまこうなのかっていうことが分からないんだと思う。いま寺脇さんが「日米同盟人」とまさしく言ったけれど、そういうのが出てきてるっていうのは、議論の前提に関わってくるよね。

バラバラの人間の、「対話なき民主主義」

—**寺脇**— 小泉さんがなぜ靖国に行き続けたのか、特に韓国人から聞かれるときに、私がしていた説明は、本人が行きたいから行ってる、韓国を怒らせようと思ってるわけじゃないというのが一つ。もう一つは、どこかには強い格好をしないと、アメリカべったりだとさすがに言われちゃうので、アメリカの言うことは全部きくけど、中国や韓国の言うことは聞かないよっていうスタンスを取ってるんだと。あとで思い当たったのは、安倍さんが小泉さんみたいに人気を持てなかったのは、あの人は中国や韓国に先に行っちゃった。それはいいことなんですよ。でも、あいつはこっちのいうことも聞き、こっちのやることも聞いてるじゃないかと思われた節がある。

—**姜**— はっははは（笑）。

―寺脇―　かつ小泉になろうとしていたわけ。

集団的自衛権を認めろ、という方の人の意見で、大阪大学の坂元一哉さんっていうんですか、例の安倍懇談会のメンバー。この方なんかこういうこと言うわけです（二〇〇七年七月一三日付け毎日新聞「論点」「9条解釈変更で実現を」）。アメリカがミサイル攻撃を受けてるときに、と、つまりそっちを持ち出すわけですね。インド洋上の、とかいう話じゃなくて、アメリカ本土にミサイルが撃ちこまれているときに、座して見ているのかと。

そう言うと、一見まともに聞こえるんだけども、発射されたミサイルがアメリカを狙ってるかどうかどうしてわかるんだろう。

当然ここで想定しているのは、北朝鮮が撃つ話ですよね。日米安保条約が全然いじられていないのに、集団的自衛権をやらなきゃいけないっていう話になってるのは、私が忖度するには、昔はそんな力がなかったから。キューバ危機のときに日本が何かするなんて考えようがなかった。あるいはいまだって対キューバなら基本的にはそう。だから想定してるのは中国と北朝鮮ですよね。

そもそも、日本の領空以外のところを撃てるほどのミサイル防衛システムを持っているとすればそれは九条違反なんだから持ってるわけないですよね。自衛のための軍備をする国なんですから、日本の国土がおかされる場合にそれを撃ち落とすことはあるでしょう。中国から撃ったものが、日本の上空を通過しつつアメリカに行くというような場合を仮に想定するならば、日本の上空を通っている瞬間はいかなるミサイルであろうと撃ち落とそうとするに決まってるわけです。が、日本領空を過ぎて行ったやつを太平洋側で撃ち落とすのかとか、そういう現実論が全然ふまえられてないんですよ。

アメリカを狙ったミサイルというのの定義はなにかっていう話ですよ。中国が撃ったからきっとアメリカだろうとか、北朝鮮が撃ったからきっとアメリカを狙っているだろうという話なのか、あるいはそのどちらかの国または両国がアメリカに宣戦布告をして、国際法上の交戦状態になったときに、日本が手を出せばそれは参戦ですが、参戦なんかできるわけはないわけだし。そういう議論もなしにね、いかにもこの「毎日」の記事を読むと、アメリカに核ミサイルが落ちてアメリカの人たちが地獄のような状態になるのを放置しておくのかみたいなことを言うけどね、そんなすり替えのもとでね、議論されるべきじゃないですよ。

アメリカが地獄絵図になったって、現行法上は仕方ないんです。そういうことはやらないって決めてる以上は、それはやらない。

本来の九条の精神から言うならば、血も涙もないんですよ。アメリカが焦土になろうがなにしようが、それは申し訳ないけど、日本は憲法でそれを禁じられてる。それはアメリカだって知ってたでしょ。それこそあなた方が作った憲法とさえ言われてる憲法でしょ。しかもそれを前提に、日米安保条約を結んで改定までしてるわけでしょう。

その時点でアメリカが、アメリカが焦土となるときに日本に助けてもらわなきゃいけないなんて思っていたわけないじゃないですか。はっきり言って日米関係は同盟じゃないですよ。守っていただいている条約関係。それが気分的にいやだから、同盟っていうあたかも対等であるかのようなことを持ち出してきて、このやり口で、九条も変えずに、解釈変更して、集団的自衛権まで……アメリカが焦土になったらどうするんですかって言われたら、かなりの日本人もたじろぐと思うけれど、こういうレトリックはきたないですね。

―姜― やっぱり9・11があったから、そういうレトリックが出てくると思うのですけれど、結局そういう人たちの議論からすると、もし自民党の新しい憲法体制になっても、あらゆるレトリックによってその解釈はいかようにも可能で、立憲主義っていうのは成り立たないんじゃないか。

集団的自衛権の行使をめぐっては、四つのケースが一応想定されていたでしょう。それを読んで僕が思うのは、集団的自衛権に入りこんでいけば、結局先制自衛にならざるを得ないんですよ。

例えばね、さきほど寺脇さんの言われた、ミサイルがどこに飛んでいくかっていうことはわからない。わからなくても叩こうというんだから、それは発射しようとするのを探知して先に基地を叩け、という議論になってくる。

そうすると、これはもう先制自衛なんですね。集団的自衛権を認めるというのは、現実的にはその前段階を成す。この東北アジアの地政学的状況の中で、日米安保を現存のままにして突き進んでいけば。

そういう危険を孕《はら》む事態なのに、国際政治学者とか、安全保障のエキスパート（専門家）と称する人たちが、ひどい議論を組み立てていて、それはイラク戦争のときも同じだった。

査察をやって、大量破壊兵器は完全に無力化している段階なのに、国連憲章のどこを見ても、先制自衛が合法だなんて書いてないのに、さっき寺脇さんが指摘されたのと同じレトリックが使われて、戦争が実行されている。それは、もし大量破壊兵器があって、サダム・フセインによって、アメリカのどこかの都市が攻撃されたらあなたがたはどうするのっていう単純かつ恫喝《どうかつ》的な議論だった。もう国際法の積み重ねを無視して、ジャングルの掟みたいにして戦争をするわけ。

いま、支持した彼らは、イラク戦争がどうなっていて、それが何を示すのかということについて、総括していない。総括しないまま、今度は日本のことに踏み込んでいるということですね。

―寺脇― そうです。だから、九条を改定して、こんなクソ解釈が出てこないようにきっちりと書かなきゃいけないと私は思うんです。

いまの集団的自衛権の議論は全然おかしいんです。そんなことやめて、原点に戻れば、日本の上空を通過するものは、どんなものであろうと日本の上に落ちてくる可能性があるから撃たなきゃいけない。外国の飛行機が許可なく日本の領空を侵したら、戦闘機がスクランブル（緊急）発進するわけだから、ましてやミサイルが飛んできたら、撃ちおとすなりしなきゃいけないわけです。それは集団的自衛権ではなくて日本固有の自衛権。それをやればいいんじゃないですか？

――姜―― だからね、安倍さんの懇親会に森本敏さんは入ってないんですよ。僕と立場は違うけど、彼は優れたリアリスト（現実主義者）だから。彼すらもこの懇談会に入ってないわけ。ということは、何かインチキを通そうとしているとしか思えない。

あるときに森本氏と直接議論したらね、いや姜先生、これは個別的自衛権の問題ですと。いまおっしゃったように。日本の領空に入ってきたミサイルについては当然のことながら個別的自衛権で対応できるわけです。なぜこれを集団的自衛権に持っていくのかとおっしゃっていた。

「懇親会」の真意は、結局先制自衛にもって行きたいのだと思う。彼らの理屈からすれば、そうしなければ結局セキュリティ（安全）が確保できないんですよ。いつ、どんな方向で、どんなかたちでミサイル発射されるかっていうことは、完全に探知することは不可能。飛んだときにはMD（ミサイル防衛システム）で撃ち落とすって言ってるんだけど技術的にいまのところ不可能だし。そしたらもう先制でやれ、と。

戦前にもそれに似たレトリックがあったじゃないですか。自分たちの帝国の植民地を確保するためには、攻撃が最大の防御だと言って、一挙に拡大していったわけじゃないですか。だから集団的自衛権を認めろという論議はね、いかに複雑なレトリックを装っていても、根本にあるのは原始的と言っていいほどの、非常に単純な、人間の闘争本能そのままみたいな議論になりかねないんですね。

—寺脇— 日露戦争だって日清戦争だって、先制攻撃をしているわけです。

それは当然、清国がきちゃうだろうとかロシアがきちゃうだろうとかあったと思うけど、真珠湾攻撃で初めてああいうことをやったわけではない。別に日本に限らず、先制攻撃をする例っていうのはいくらだってあるわけなんですよ。

だからね、ほんとに、ある種の学者っていうのは、どうしてこんなに現実に基づかない観念的なレトリックを振り回すんだろうと思う。で、みんな引きずられてしまって。もちろん理論っていうのは大事だけれど、理論が政策を決定していくっていうのは危ないですよね。

—姜— 危ないね。特に国際政治をやっている人はシミュレーション（模擬試行）をいろいろやったりして、こういうケースはこうだとかね、オタクのように研究する。悪い表現で言うのはなんだけど、戦場限定の、近視眼的なものになりやすい。

もうちょっと常識的なものと、それから現行憲法や法律でどうなっているかということを、きちっと押さえた議論をしないと。イラク戦争のときも、国際法や、いままでの国際状況をちゃんと調べている人ならば、あんな無謀な議論は出なかったんですよ。よくね、「国廃《すた》れて憲法遺《のこ》る」のかと、こんな暴論を吐く人がいる。これはね、あまりにも退化というか……。

—寺脇— 9・11の話が出ましたが、確かに、亡くなった方は可哀想だ。でも、9・11のときはさすがに日本が参戦してなんとかしろとは誰も言わない。それは法的にあり得ない話だから。ところが、いま私が気になっているのはそういう理性的な、法に基づいた議論と、可哀想だとかひどいとか感情的な議論とが混同されていることです。

国内的にも、犯罪被害者にものすごく肩入れする。最近「東京新聞」で『創』の篠田さんが、光市殺人事件の弁護士バッシング報道がひどすぎるということを書いておられた。

弁護団は確かに死刑廃止論者で固められていて、イデオロギー性が行きすぎているかもしれないけど、それを悪辣《あくらつ》の徒の集団みたいに言うのは、やはり違う。こんなひどいヤツは裁判抜きで死刑にしろみたいな言葉が出てきている。国民は皆公正な裁判を受ける権利を持っているのにね。ビンラディンなんてやつはすぐ暗殺だ、とか、フセインなんていうのは裁判抜きでぶち殺していいんだとか、麻原なんかはちゃんと調べなくても死刑にしちゃえばいいんだ、こんないたいけな子どもを殺したやつなんかもう一生刑務所だ、とかいう感情ね。飲酒運転の交通事故までそういう攻撃をされるようになってきている。これはね、すごくよくない。

日本の左翼が馬鹿ばっかり言ってきたからから、ほんとにこんな危ない沸点すれすれみたいな状態に来てるんですね。戦前の一九四〇年頃のことが戻ってきたっていうのはこれだと思うんですよ。鬼畜米英とか言って、感情のほうが先走ってしまったから、理性で考えたらどうやったってアメリカに勝てるわけないいんだけど、もう感情のほうが先にいってやっちゃうわけですよ。

一姜一 情海の大波。もう手が着けられない。しかもいま、あの時代と違うのは、みんなインターネットなどの通信ツールを持ってるでしょう。そしてカプセル化されているわけですよね。横の関係が全然ない。それで情に任せた情報発信ばっかりやってるわけですね。

民主主義を構成するはずの人間集団が細分化されて、極小単位になったときにね、意外とみんなね、同じような画一化された反応をするわけですよ。みんな何を言っても自由だ、勝手だと思って。

そしてみんながね、コンパートメント（個室）化された情報発信装置を持っている。だからこれは確かに民主主義なんだけれど、それが大波になると、おそらく、権力者も制御できなくなる。

一寺脇一　太平洋戦争について、国民はやりたくなかったのに軍部がやったんだ、っていうのは嘘っぱちだということはもう明らかになっている。たしかにいまのような議会制民主主義ではないから、国民が意思決定したわけではないけれども、じゃ世論はどうだったかと言えば、米英討つべし。中国やっつけるべし。山田洋次監督の『母べえ』を観るとよくわかります。

もちろんいまは民主主義の国だから、世論というものを押さえつけるわけにはいかないけれど、世論というものを例えばメディアが拾っていくかたち、あるいは政府が世論を聞いていくかたちに配慮が必要なんであって、9・11以後に起こったことがこわいのは、星条旗にわっと埋もれちゃうと、なんかみんな「アメリカ」に感情移入してるから、事実も法的根拠も吹っ飛んで、行けっ、てなっちゃう。

日清日露では使われなかった「聖戦」という言葉が日中戦争から一般的になるんですが、いまは「テロとの戦い」が「聖戦」扱いです。法治主義がいとも簡単にどこかに行ってしまう。

なんでも民主的手続き、が答えではない

一姜一　再び一条と九条の問題ですけれど、戦前は、当然いまの九条に当たるものがなかったし、一条も違うものだった。だから、現一条が国家機関説の戦後的形態だとすると、大日本帝国憲法のなかに現一条に当たるもの、国家機関説と解釈していいものがあるわけですよね。でもそれは解釈のしかたによっては現人神《あらひとがみ》になってしまう。だけど僕は、いまの一条と九条があればね、情海の大波がなんとか制御できると思うんです。戦前は九条がなかったから、情海の大波のなかで、天皇もまさしく大元帥を演じなきゃいけなかった。

一寺脇一　亡くなられた河合隼雄文化庁長官が常々言っておられたけど、今の両陛下ほど平和を愛してる人ってまずあんまり日本にいないねと。

これだけ世論が9・11に報復せよとかね、北朝鮮討つべしとか言ってるときに、両陛下はそういうことにまったく与《くみ》しない存在ですよね。国民的世論がどうなろうと両陛下はそれとはつねに別なんですね。象徴の天皇として振る舞うことができてらっしゃるからね、日韓関

係がすごく悪いときでも、天皇皇后両陛下が「あなたを忘れない」という韓国映画を見に行かれたり。

小泉政権の時代にも、サイパンに行かれました。そのとき同行した記者に聞いたのですが、戦没韓国人の碑を訪ねることは、もともと日程には入っていなかった。サイパン入りして、そこに韓国系現地メディアがあって、批判記事を書いた。これがまたよくないんだな、日本の左翼メディアが「韓国系メディアが天皇皇后サイパン訪問反対」、みたいな報道の仕方をしたけれど、同行取材した記者は全部知っている。直接そのコリアンの人に聞いたそうだけど、俺たちは来るのに反対してるんじゃない。日本人のところにだけ参るのはおかしいじゃないかと。韓国人の慰霊碑、他の国の人たち、それら全部に参ってくれということを書いた批判記事だったんです。

宮内庁や外務省が旅程を仕切っているわけで、予定に入ってないですから、と言ったんだけども、なぜかその朝になったら行ったと。これは誰が日程を変えたかは容易に忖度できますよね。

—**姜**— 戦後民主主義と言われているものの中でも、情念的なものの大波が、いつでも起きうる。それに対して、憲法や象徴天皇というかたちでスタビライザー、安定装置を想定したとも言えますね。

―寺脇― ただその情海の大波がですね、戦争のほうに行くのは過去に経験しているわけだけど、逆に行く情海の大波もあり得るわけですよ。つまりね、一条だけかつぐ人も怖いけど、九条だけをかつぐ人も怖い。日本は九条で何もやらないんだ、隣の朝鮮半島が二分して戦争してたって関係ないんだみたいなことになりうるわけですね。

私だってよその国が焦土になろうと知らないよと言ってるわけではなくて、それは集団的自衛権とは違うかたちで、いろんな活動ができるはずじゃないですか。ＰＫＯ活動とか国連活動とか赤十字活動とか。

――国際政治学者の坂本義和さんの一九五九年論文で、「中立日本の防衛構想」という著名なものがありましたね。これは国連警察軍を常備して、そこに自衛隊の指揮権を渡す。つまり国家主権の一部である軍事主権を、国際機関に委譲することによって、九条を殺さずに、いままで言う国際貢献ができるという。

―姜― 小沢一郎さんがそうですよね。彼の考えは、国権の発動としては、実力組織を、海外に絶対に向けない、だから国連常備軍を、という。ただ現実的に見ていけば、例えば湾岸戦争が起きたときに、多国籍軍を編成して実力行使しましたが、あの時は、国連決議が出ているわけです。あのときに本当に、小沢さんの言う通り、あるいは坂本論文を敷衍《ふえん》するならば、自衛隊を、多国籍軍の指揮のもとに置かなければいけなかった。国連常備軍は未だ存在していないわけですから。

それと、いま寺脇さんの言われたことに関わるのですけれど、朝鮮戦争が起きたときは、日本はまだ占領下だった。でも、途中で、一九五二年、日本は独立を回復した。セットで日米安保の下に入った。そして考えてみるとね、あのとき朝鮮半島で戦闘していたのは、国連軍なんですよ。国連軍の名を得た米軍。

もし朝鮮戦争を、国連軍対、侵略した北朝鮮、あるいは中共軍というふうに捉えれば、日本の警察予備隊なり保安隊は、国連軍の旗の下に参戦してもよかったはずなんです。そのときに、結局、時の吉田内閣が選んだのは、基地は提供します、しかし実力組織は出しませんと。そういう軍隊は日本にはありませんというふうにつっぱねちゃったわけですね。これは吉田らしいクレバーなやり方で、ただ現実的には、横須賀からアメリカの軍艦が出航し、沖縄からB-29が北朝鮮に飛び立つ。

そして海上保安庁の掃海艇が隠密に派遣されて「戦死」者も出るわけですけれども、フォーマル（正式）には戦闘に参加しなかった。それに対して、九条を護持する側のレトリックは何かというと、徹底的平和主義だ、国連のもとにおいて、平和的に問題を解決すべきだ。でも国連が実際戦っているのに、じゃその国連というのは何かということですよね。

和田春樹さんが、『朝鮮戦争全史』で、思い切ったこと言ったなと思ったけれど、これはユートピア的平和主義だと。暗に丸山眞男さんたちの、平和問題談話会の姿勢を批判したわけです。

僕が思うのは、国連軍というものが実際に朝鮮戦争の時存在し、日本も当事者になってしまった。とすればね、それはほんとに今後もそれでいいのかどうか。つまり明確な国連決議による国連軍が組織されたときに、実際に自衛隊が地球の裏側までも行って、そこで戦争をするという覚悟ができるかどうか。

―寺脇― 朝鮮戦争のときに、吉田茂が実力部隊を出さないと判断したのは、つまり憲法の運用でそうしたわけですよ。

―姜― その通り。

―寺脇― 運用でそうしたってことは、つまり運用で、今度は参加しようってすることもできる。あの戦争に敗れた時代から何世代も代わってしまって、戦争ごっこするのが好きみたいな人が総理大臣になった時、どんな運用もできちゃうみたいなことは危なくてしょうがないじゃないかということなんですよ。

―姜― 第九条の第一項の内容はもう世界中、パリ不戦条約（一九二八年）以来みんなが認めていることでしょう。問題は第二項ですよね。それから前文をどう考えるか。「朝日新聞」は、実に朝日らしいんだけど、第二項には手をつけないと。しかし自衛権があるんだから、必要最小限での自衛力を認めましょうという、それを「大人の議論」と彼らは言ってるわけだけど。

寺脇さんのご意見は解釈改憲を許さない条文を、ということですね。そのためには憲法の文言をもっと絞りに絞ってというか、血も涙もないものにしようということですね。

僕のほうは、やっぱり第一条第九条セット論のうえで、今後政治的にどうするか。九条だけ取りだしてどうのこうのっていうの、僕はあんまり意味がないと思う。

しかし現実には、匿名の国民や大衆の、場当たり的な情念の塊に右往左往するというその変わり身の速さ、移り気、そういうものに政治側も右に揺れ左に揺れ、安全保障すらもガタガタになる。一体どこに飛んでいくのかわからないのがいまの日本の民主主義ですね。

みんなが啓蒙的理性をもって、ちゃんと教育をして、民度を高めて、公の意識をもった、昔でいう公民をつくるということをやっていけば、きっといい国になるんだというふうに、戦後ずっとある種の啓蒙主義があったと思うんですよね。ところが、どうもそういうものが、ほとんど、なにかおまじないのようにしか思えなくなったという人たちが増えてきて、本音で動けばいいじゃないかというふうになって、それに迎合するようなポピュリストがいっぱい出てきて……いったいどうしたらいいかというときに、僕は、憲法という縛りはやはり必要だと思うんです。決まり事はちゃんとやりましょう。こういう方向に社会をもっていきましょうと、努力目標も立てる。それをやり直していくほかない。

―寺脇― 例えばゆとり教育のときにも、三割の人は賛成している、三割の人は反対している、残りの四割はどっちつかずだ、だからやるんです、って私が言うと、賛成していないのが七割じゃないか、お前は官僚として暴走してる、と怒る人がいた。そんなこと言ったら、なにもできないですよ。民主主義で多数決っていうのは、全員が賛成か反対かはっきり言うことが前提として考えているけど、どっちでもいいよっていう人がいっぱいいるわけじゃないですか。もし五割をとらない限りなにもできないといったら、世の中変えていけないです。

例えば学校五日制なんかわかりやすいんですが、賛成三割、反対三割、残りは、まあどっちかなぁみたいに思ってるときには、やってみて、反対が急に増えてきて五割越えたら元に戻すとかすればいいけれど、反対も五割行っていない以上、これまでの議論とか、審議会システムとかいろんなものを活用して、いわばいちいち投票しないシステムのなかで、まあ有《あ》り体《てい》に言えば非民主的手段をとって決めてもいいんじゃないか。

それは、国民投票法で決めて何かをしなきゃいけないときに三割しかとってないのにやったらまずいけど、基本的には、あらゆることを多数決で決めろと憲法には書いてあるわけではなくて、国家公務員が良心に従って振る舞うということを前提に判断権は委ねられてるんですよ。トップクラスではない私ごとき中級官僚にだって裁量権はあったんですよ、それなりに。そうでないと、あらゆることに多数決民主主義の手続きを取らないといけないというと、それこそポピュリズムに陥ってしまうわけなんであってね。

「公共の福祉」は「折り合い」

―寺脇― 三章十二条に出てくる「公共の福祉」というのはきわめて大切な概念で、その意味は、国民には自由もあるし権利もあるんだけど自分のためだけには使うなよ、っていうことですよね。例えば年金をどうするかというときに、自分は年金なんか必要としないほどの金持ちだとしても、年金制度はいらんというふうに投票行動したり意見表明するのかという問題ですよね。自分には金銭的にはむしろ不利益かもしれないけど、公共の福祉のためにはこれはあったほうがいいよねって判断することじゃないですか。例えば私のように子どもがいない人間だって、自分の納めた税金を子どもたちの教育や子育て支援に使うことはＯＫだと言うことができるのはそういうことです。

―姜― 第十二条に、自由及び権利は、「国民の不断の努力によってこれを保持しなければならない」と書いてあるじゃないですか。ここはほんとに含蓄《がんちく》が深いと思うんですよ。

これは丸山眞男さん的にいうと、「であることとすること」になるでしょうし、やっぱり自由と権利は濫用してはならないし、公の領域というのを明らかにしてるわけですよね。そして「不断の努力」。

社会権とか生存権というのを考えているときにね、結局、具体的な権利がどれぐらい実現できるかというのは、やはりさまざまなパワーゲームのなかで成り立つわけです。例えば派遣労働問題で、誇大広告を信じて地方からやって来たが、実際に働いてみてもその半分にもならないということで、彼ら彼女らがユニオンを作って、誇大広告はやめてくれと申し入れていく。努力をしなければ、何も変わらない。そのことは非常に重要なことですね。

変な話なんですけど、街角で誰か見知らぬ人から、「頑張ってください」って言われることがある。僕は、頑張ってくださいと言われたときに、え？　と思うわけ。あれ、じゃあなたは頑張らないの？　って。

―寺脇―　日本語の頑張ってくださいっていうのが、俺はやらないけどお前頑張れよっていうニュアンスが強いんですよ。

―姜―　年金の問題はひどいけど、考えてみればやっぱりそういうことについて、ただあなた任せにしてるということも、原因のひとつとは言えないか。

亡くなった伊丹十三さんの父親の、劇作家の伊丹万作の書いたもののなかに、戦争の時はみんな騙された、と言っていた、これ嘘だと。たとえそうであっても、騙すより騙されるほうがもっと悪い。そう書いてあるんですね。

やっぱり騙されたから自分は犠牲者で、罪は何もないというようなことは通用しないと僕も思う。騙されないように不断の努力をしたかどうか。それを抜きにしては語り得ない。不断の努力によって自由と権利というものは保持される。だからこそ濫用も禁止している。これは弁証法と言えるかどうかわからないけども、それが意識されていない。それに頑張ってくださいと言われても僕は参政権もないし（笑）。


―寺脇― 田中秀征さんや浅野史郎さんたちが、九〇年代の終わりぐらいに、おまかせ型の民主主義、観客型民主主義をやめなきゃいけないと言ったじゃないですか。有権者ひとりひとりが主体となって行動しなきゃいけないっていうのに小泉さんっていうスターが出てきちゃったから、またおまかせになっちゃった。まあこれは時代論ですけどね。

突き抜けた本当の民主主義っていうのは、十二条をみんながきちんとやればいいわけです。なんでも権利を認めろ認めろという人たちには、ちょっと待てよ、十二条を読んでみなさいと。日本は、いまの憲法を作った時には、そういう国になろうと思ったわけですよ。

年金の問題というのは、姜さんがさっきおっしゃったとおりなんです。国民皆年金制度じゃないわけだから、皆保険の下で健康保険がいつのまにか滅失してたとか、介護保険がいつのまにかわかんなくなっちゃったっていうのとは話が違うんです。自己責任部分があるんです。ただし、政府や政治が、あたかも皆年金であるかのような詐術を使っていた。医療保険や介護保険と同じようなものだという錯覚を国民に生じせしめるようなことをやってきたんですよ、年金を払わせたいから。年金を払うことは国民の義務で当然のことなんです、みたいなキャンペーンをずーっとやってきた。

だから社会権を護るためにも、自らの努力が必要だし、参政権だってなんだって、自らの努力が必要だ。参政権を守っていくためにはちゃんと投票にいくっていうことをしなきゃいけないんだ。だいたいいまのような制度になっても投票にいかないなんていうのは考えられないです、理由が。不断の努力をしていないとしか思えないですよ。

表現の自由だってですよ、一方であんなもう自制心全くなくでたらめな俗悪番組を作るものだから……。

あれはすごいことなんですよ、選挙の当確情報を出すのに慎重を期せと、テレビ各局を呼んで総務庁が注意した。ものすごい職権濫用なんだけど、それをおとなしく聞きにいって帰ってくるような状態になってしまっている。

――姜――メディアの今の状況が、情海の大波とある種共鳴しちゃってるわけでしょう。メディア関係者は、憲法にうたわれたことを不断に実践するという問題意識もないし、だから意外と簡単に自主規制をやってしまう。

一方では非常に問題のあるような番組を、やりたい放題のことをやって。例えばワイドショーと呼ばれるもので、ニュースと放談を一緒くたにして情に訴えている。

なにもそれはみんなＮＨＫニュースのようになればいいということじゃなくてね。他局の多くのニュース番組のなかでは、ドラマツルギーみたいなものがしばしば行き過ぎていてるんですね。

――寺脇――いまおっしゃったことの意味はすぐわかりました。「ミノポリティクス」とかこの頃言われてるらしいけど、要するに、みのもんたさんの発言で政治家の言動や行動が左右されたりするようなこと。

――姜――恐ろしいのは、その場その場の空気を読み解いて、視聴者側の空気まで意識して、誰かが切り返していかないと情海の大波を食い止める働きはできないわけでしょう？　しかも短い時間で、最低限の言葉で。世界はそんなに短く語れることばかりでできている訳じゃないのに。

だからいわゆるコメンテイターと言われている人たちの責任は大きい。犯罪報道に対して厳罰志向の感情の爆発があるときに、軌道修正をして、ああやっぱり法律があるんだと。鴻池さんでしたっけ、少年事件で、「両親を市中引き回しにしろ」って言った閣僚もいたけどね。

―寺脇― ほんとはあれ閣僚として不適格なんですよ。法治主義を守らないやつが閣僚をやっていたら大変なことです。

国会議員が市中引き回しって言ったってそう悪くはないです。この人は法治主義を守らないんだなと。それでも、国民の投票によって存在してる立場だから。けれど閣僚をはじめとする公務員は、憲法十五条にある全体の奉仕者なんですよ。そこが全然違うわけですね。

もちろん、広義の意味では国会議員も公務員ではあるわけだけど、全体の奉仕者なんだから国会のなかでは少数派は意見を言ってはいけないわけではなくて、極端に言えば国会議員のなかにはいますぐにでも戦争をしろっていう人がいたって構わない。憲法も必要ないんだ、とかいう発言をすることだって自由なんだけど、閣僚になった瞬間それは駄目。ところが国会議員であることと閣僚であることとの区別がついてない人がいる。

ある種の政治家は情動に訴えるのが商売なわけですよ。柳澤さんの「産む機械」発言のときも、それから久間前防衛庁長官の「原爆しょうがない」のときも、講演で話してるわけですよね。つまり、その場にいる人の情動に訴えてるんですよ。麗澤大学での講演ですから、保守的な人が集まっている。だいぶ前の、当時の森首相の「日本は神の国」っていうのだって、神主さんの集まりで言っているわけだから。

「全体の奉仕者」っていうのはものすごく重い問題なのでまた触れるかと思いますが、今日は十二、十三条［1］の話をもっとしたくて、そこに書かれているのは「公共の福祉」という概念です。権利義務のことを考えるときに、つねに公共の福祉という見張り役がいる。

ちょっと、著作権の問題を考えるといいと思うんですね。

著作権がいい事例になると思ってるのは、いまはどっちかというと著作権を保護することばかり強く言われてますね。それはいままであまりにも保護してこなかったから保護することを言ってるんだけど、それが行き過ぎると、えっ、っていうことが起きてくるわけですよ。

五十年の著作権を七十年にするときに、作家の三田誠広さんなんかは、七十年にしといて子や孫がそれを享受しなきゃいけないって言うわけじゃないですか。本人のところに権利がいかないのはまずいなって誰もが思ってるけど、子や孫が潤うところまで排他的権利を保護していかなきゃいけないのか。それで昔の名作の本の値段が上がってしまうわけですよね。

あまりにも著作権を主張しすぎて、例えば印税を五十パーセントくれとかいうふうなことを言い出すと本の値段が高くなるから売れなくなっちゃいます。それなら、印税十パーセントで商品として成り立つようにしたほうがいいっていうその駆け引きを、つまり折り合いをつけなければいけない。この世の中って折り合いをつけることだぜっていう話です。そのことを公共の福祉っていうふうに考えて、いきなり公を考えろ、ではなくて、まず私同士だって折り合いというものがあるでしょう、と言うと、抵抗感もないんじゃないかと思うんですね。

―**姜**― そうですね。公共の福祉というのはスタティックな既知数であって、それは国がやるんだ、というような考え方ではなくて、かなり流動的な概念ですよね。

著作権で思い出したんですが、NHKで、古いドキュメンタリーを編集して再び放送しようというときに、何十年間前に出た人たちを、あるいはその遺族を探し出して、としなきゃならないらしい。それで、これはもうできないというような状態になっているらしい。

―**寺脇**― いま、著作権を非親告罪化するということが検討されている。いまは著作権って親告罪ですから、当事者が申し立ててはじめて処罰の問題が起こるんですが、当事者がそれをしなくったって、勝手に取締機関が動けるようにしようとしてるんですね。

それを検討している専門調査会というのは、著作権をもっと認めろっていう人だけ集めてやってるからそうなるわけで、折り合いがないわけですよ。

❶ **憲法十三条**：すべて国民は、個人として尊重される。生命、自由及び幸福追求に対する国民の権利については、公共の福祉に反しない限り、立法その他の国政の上で、最大の尊重を必要とする。

第三章　人間が人間らしく生きる条件

戦前・戦後はそんなに断絶していない

―姜― 占領下、言ってみれば寄り合い所帯で、ある種の社会の理想型を日本の憲法という形で実現しようとしたことは確かなんですね。すると、あの時代に、人間が人間らしく生きる権利として、何を想定していたのか。それを考えていきたいと思います。

寺脇さんがたびたび強調されたように、社会という一つの傘の中で、権利というものを人々がただ自己中心的に語るだけではなく、バランスを取る装置として、「公共の福祉」が嵌《は》め込まれていた。

日本国憲法に書かれているさまざまな国民の権利については、憲法を制定しようとした人たちが理想の社会のために意図的に埋め込んだものもあるし、またこの憲法云々に関わりなく、人間に普遍的にあるものが当然書かれていると思います。

個人的には、始めに申し上げたように朝鮮人部落の中にいた者として、自分たちの権利が日本国憲法に書き込まれているという意識は若い頃はなかった。国民という括《くく》り方のなかで、自分たちはその番外にいるのだろうなぁということがもう考え方の習慣としてあったから。

しかし、日本国憲法を改めて読むと、どんな国籍の人間にとっても、非常に重要なことが書かれている。そしてそれらがアンサンブルを成すための、「公共の福祉」。寺脇さんは官僚であった頃から、個人の権利と公共の福祉という問題意識が常に頭のなかにあったのでは、と思うのですが、そのバランスというのは結局なんによって実現できていくのかと思ってらっしゃいますか？

寺脇 公共の福祉というのは実に普遍的な言葉だと思うんですね。

十四条［1］では国民の「法の下での平等」が書かれていますが、それはしかし日本国民だけの話で、在日の人は入っていないという括りに確かになっている。でも本当は日本憲法というのは、世界に対する汎用性《はんようせい》のある憲法だと思うんです。

その概念構成は、日本でしか通用しないということではないのではないか。公共の福祉の概念というのは、世界的普遍的に通用する。例えばイスラム圏で女性の欧米的な意味での人権が認められていないということを、単にその、女性の人権が認められているかいないかという側面だけで見るのではなしに、世界公共の福祉のためには、イスラム圏において宗教の果たす役割というのが、ほかの世界では考えられない位置にあるんだということなのではないか。

二十五条の「最低限度の文化的生活」というのも、状況によって変わってくる話ですよね。

例えば平均国民所得の下位何パーセントを指すんだとか、あるいは本を月に何冊読める状況を指すんだということではなしに、それはやはり流動的で、その流動的ななかで折り合いをつけていこうということが、やはり公共の福祉の根っこにあったんだと思うんです。

私が役人をやっていても、ある時代にはこの権利主張は行き過ぎだという判断があったとしても、それを金科玉条のごとく変えずにいる必要はない。あのときに最高裁判決でこう出たから永遠にこうなんだということじゃなしに、また新しい時代になったときには新しい判断が成されうる。裁判所制度というのは折り合いをつける公的制度みたいなものですけれど、そこにはつねに憲法というルールブックがあって、そのルールブックのなかで公共の福祉という、みんなが知恵を出し合う仕組みを提案しているんだと思うんですね。

だから役人は、もちろん裁判官や検事も含めて、法律を諳《そら》んじているとか判例を諳んじているということだけでは駄目なのであって、いまの社会がどう変化しているのかということに対する感度を高めていなければ、公共の福祉という視点に立ったジャッジメントができないんと思うんです。

―姜― まさしく。僕は以前から思っていたのですが、日本という国は、そういう慣習法的なものの考え方という点で、意外とイギリスの社会に近いんじゃないか。

でも、日本国憲法というテキストは明文化されているから、一方で寺脇さんがおっしゃるように、例えば第九条を、政治の都合で解釈しすぎないように、締めるところは締めながら、一方ではいろんな積み重ねによって、生きたものとして法律を運用していく必要もあると思う。

アメリカ合州国も、憲法に修正を加えながらやってきた国ですよね。でも日本では、プロイセンから学んだ制定憲法としての明治憲法の影響が強いのか、よく「不磨《ふま》の大典」かどうかという不毛な議論を延々とやったりする。

―寺脇―　そうですね。私は、三章（国民の権利及び義務）は、いまおっしゃったように慣習法的にやっていけるものだと思っていますよ。だけれど、一章の象徴天皇制とか二章の戦争放棄というのは、厳密な解釈じゃないといけないと思います。三章は、公共の福祉ということが関わっている以上、解釈上いろんな変化がありうべしと。

一章と二章については、六十年前の人たちがどんな考え方で作ったのかを考えなきゃいけない。作った時点の人たちの気持ちを忖度すれば、もうとんでもないことがその前に起こっているわけですから、その文言には厳然たるものがあったと思う。

三章についてはね、よく護憲派の人たちというか左翼の人たちが、あたかも日本国憲法によって日本には人権というものが出てきて、それまではなかったかのような言い方をしますね。戦前の日本には人権などないに等しくて、憲法のおかげで私たちは基本的人権を獲得したんだと。あの欺瞞《ぎまん》ですよね。戦前にも、不十分とはいえ参政権はあったし、いろいろな権利が認められていたわけですよ。皮肉な話ですけど、兵士を作っていくために、子どもをたくさん生むことを国家として奨励するとか、子どもたちが死なないようにするとか、貧しい農民を兵士にするためにそれなりの教育を施すとか、目的はともかくとして。

ただ、大日本帝国憲法、そしてそれを恣意的に解釈してきた神国日本的発想によれば、目的が人権のためじゃなくて、神たる天皇のため、日本という国家のため死ね、みたいなふうに行くわけだけど。

そこのところの一番大事なテーゼを、国民主権、公共の福祉というところに切り替えた。切り替えた結果もちろん基本的人権が拡大していくわけですが、あくまでそれは拡大したのであって、そこでいきなり獲得したかのような錯覚をするべきではない。ほんとは基本的人権に似たものは江戸時代にもそれなりにあっただろうけども、それが社会的状況によって制約されてくるものだった。だとするならば、日本国憲法下で人権を制約しうるものは、公共の福祉だけ、ということで考えなさいよ、ということじゃなかったかと思うんです。

──**姜**── 法学の世界では宮沢俊義さんたちが唱えたいわゆる「八月革命説」が出てきて、それはやはり主権の在処《ありか》が変わったという点に着目して、ある種の神話を作ったというか、その考え方がものすごく浸透してしまったんですね。

結果として、戦前と戦後に完全な断絶が起きたという意識が後世の人々を支配するようになる。それを補強するのに決定的だったのは、十九四六年元旦の、いわゆる人間宣言ですね。ところがあの時の天皇の詔勅《しょうちょく》も、結局、五箇条のご誓文からはじまっているんです。「万機公論に決すべし」と。当時の天皇制の側から、デモクラシーが投げかけられたんですよね。

そのイメージのギャップが埋められないから、おかしな解釈のしかたが主流になってしまった。「戦後レジームからの脱却」という人たちは、日本国憲法を中心とする戦後体制が、戦前のすべてのものを否定したんだととらえる。それをしたのが占領と東京裁判だというふうにね。

つまり左翼にも右翼にも、戦前戦後断絶説が強いわけです。だが、実態を見るとそうではなかった。それが、僕は第一章にあらわれていると思う。

―寺脇― おっしゃる通りだと思います。私も子どもの頃習ったのは戦前戦後断絶説なんだけれども、大人になっていろいろなことがわかってくると、大日本帝国憲法と日本国憲法の連続性にも気が付いてくる。

―姜― だから右も左も、意外と同じ土俵の上で対立してるんですね。憲法を良く読んでいない、という。

❶憲法第十四条：すべて国民は、法の下に平等であって、人種、信条、性別、社会的身分又は門地により、政治的、経済的又は社会的関係において、差別されない。
②項以下略。

民主主義もまた暴走する

—寺脇— 小田実さんが死を前にしていろいろおっしゃっていましたね。最後の本『中流の復興』の中で、小田さんは、議会制民主主義なんか信じちゃいけないっていうことを言っている。彼の主張は、市民主義で全員が参加するというもの。

民主主義っていうとわれわれは、いまある議会制民主主義のようなものが最善であると考えがちだけれど、実は民主主義のなかにもさまざまな要素がある。それからそもそも民主主義が絶対善なのかっていう考え方もある。

権利意識がはてしなく暴走してしまったら困るわけですね。だけど、日本国憲法の条文をつくった人たちだって考えていて、ちゃんと公共の福祉という枠をかぶせてあるんです。いまの世の中に問題点があるとしたらそれが見失われていることなんだから、憲法を改定することよりも、いまの憲法をもっと、最初の制定趣旨に沿って遵守していくのがいいんじゃないでしょうか。

――姜――戦前は民主主義が不足したから問題になったので、戦後はこんどは民主主義が過剰になっているから問題だと言う人がいますね。僕は、民主主義はそれ自体が絶対善ではなくて、ある意味では非常にあやうい制度だと思うんです。

満州事変以後のあの事態を考えると、言論抑圧・統制があって、軍部の意向通りに国民が動いて行ったたっていうストーリー、これはもうほとんど実態と違うと思う。やはり各種のメディアが率先して動いているし、軍部の独断専行を煽っていくし、国民も非常に積極的にそれを担いでいく。ある意味で、民主主義であったからこそああいうことになったとも言えるんですよね。ナチスドイツだって、よく言われるように民主主義の中から生まれてきたわけです。

もはやわれわれは、アメリカがここまでいろいろ問題を起こすなかでね、デモクラシーというのが先験的に善だと教えられてきたことに対して、懐疑的になってみないといけないのかもしれない。

―寺脇― 戦前の日本は、大正時代の終わりからものすごい軍縮をやるわけですよ。軍という官僚組織にリストラをかけた。あの軍縮だって、当然軍のなかには反対派がいるわけで、それをきちんと押さえ込んでいたのは誰なのかというと、やはり議会制のなかでの意思決定だったと思います。逆に、満州事変や日中戦争を起こしていったことだって、軍部だけの独走でできるわけがない。

軍部の独走って言うんですけど、軍も官僚なわけですね。そして、岸信介さんのような、少壮官僚の独走を含めて、満州国を作ろうという動きが起こった。軍も含めた官僚独走です。いまは、憲法十五条で、「公務員は全体の奉仕者」ということがくびきになっているけれども、大日本帝国憲法では統帥権や大権をもつ天皇が一つのくびき、それから議会がくびきであった。しかし天皇というくびきも議会というくびきも官僚の独走を止められなかった。

―姜― 戦争の時には、統帥権という魔物が封印を解かれた。そうするとそれはもう天皇個人ですらも止められない。下からのうねりで、統帥権自体が暴れ出す。

―寺脇― 官僚は常に暴走する危険性を持っている。大衆が官僚を暴走させる危険性もある。大日本帝国憲法にいまの九条がもしあればですよ、いくら軍部が暴走しても、憲法改定しないかぎり戦争はできなかったはずなんです。いまの九条の意味っていうのは、官僚が暴走しても、戦争だけは絶対できない仕組みを作っちゃったということですね。

もうまさに集団的自衛権論議っていうのは、暴走がここまで行っちゃうっていうことを示しているわけですね。でもいまの憲法を改正して、日本は集団的自衛権の行使をしないよと書いちゃえば、そこは暴走できなくなる。暴走防止装置が憲法だとするなら、第三章の部分についても、権利の行使の暴走がありうるというなかで、どうそれを制御していくかも書き込んであるということですね。

――姜――公共の福祉を書き込んだり、公務員は全体の奉仕者である、としっかり書いたりして、いくつかの安全装置を施してはいるんですよね。決してアメリカンデモクラシーが全能であるというふうには彼らは考えてなかったんじゃないかな。民主主義というものが持っているいろいろな側面を、考慮に入れたうえで、日本国憲法はある。

在日外国人と憲法

――三章の始め、第十条は「日本国民たる要件は、法律でこれを定める」ですが、現在のように多民族化する社会を、あるいはすでに日本にいた朝鮮人たちのことを、制定者たちはどう考えていたのか。

―姜― 僕個人はね、いまは日本国籍を取ることにもあんまり抵抗感がないんですよ。申し上げたように、娘も事実上日本国籍になっているし。たしかに、国籍とエスニシティの問題は、本来ならばもっといろんな意味で弾力的なものがあってよかったはずなのに、なかなか現実にはそうはいかないまま、ここまで戦後半世紀以上経ってしまって。

ある人の言い方を使うと、日本国内で外国人として生きようとすると、法律的にはもうこれ以上のものは要請できない、と。もちろん「公権力の行使」という問題にも、いろいろな解釈がありうると思うんです。例えば教職に就くことが、どこまで公権力の行使なのか。

ただ、国籍を違えて生きようとするかぎりは、じゃあ参政権の問題はどうするのかと。韓国の場合には、一応日本と相互に、地方参政権を認めているわけですよね。もちろん、在韓日本人で韓国の地方参政権を獲得する人の数と、その逆とでは数が桁違いに違いますが。そういう運動が起きることを、僕個人はもちろん否定はできない。しかし、自分がやろうとは思わないんですよ。

ある国際シンポジウムで、僕を紹介するときに司会者が、コリアンジャパニーズと言ったのね。そう言うと、国籍は日本で、エスニシティはコリアンだというふうに、外国の人は理解したと思うんです。

ところが、いわゆる在日と言われている人には、これは当てはまらない場合が多いですね。長くいようがいまいが外国人なんです。ただそこを、一九六五年の日韓条約のときに、事実上永住権を持たせたわけですね。法的に見ればあくまで外国人です。

自分たちが外国人として日本で生きるという以上、じゃある人が言うように在日党を作って、自分たちにも国政レベルでの選挙権、被選挙権が与えられるよう運動すべきなのか。これはね、あり得ない。というのは、いま世界で、それをしている国は僕が知ってるかぎりではないと思う。

ではそのために、コリアンジャパニーズとして生きる、つまり日本国籍を取るのか。個人的には、いろいろ選択肢はあると思うけれども、先ほども申した通り、外国人として生きようとするかぎり、もうこれ以上は、リーガルにはですよ、求められない。もちろん社会的には別ですよ。

もちろん出入国に関してとか、改善して欲しい点はいろいろあると思うんです。でも、いまや問題は逆にわれわれコリアンの側に投げ返されていると思っていて、自分たちがこの国で、国籍は違うけど、社会的なメンバーシップをもって生きようとする選択に、どういう積極的な意味があるのか。そこのところをきちっと押さえておかないといけないんではないかと最近思うようになった。

―寺脇―　私も在日の教育問題にはずっと携わってきましたが、国籍が外国籍である以上できることには限りがある。よく在日の方と話していると、だって俺たち税金払ってるじゃないかとおっしゃる。それはしかし、外国人も居住している限り税金を払うという仕組みになっているからです。

でも、従来の問題というのは、在日コリアンをなんとかしてくれっていう話で、そこには歴史も絡んでいたわけだけども、もう私が携わるようになった九〇年代にもなると、それは要するに在日外国人問題でしょうと。

憲法第十条でいう「国民」の定義を広げてくれっていう話、これはね、ある種あぶない部分もあって、戦前の日本っていうのは、善意で国籍をあげていると思ってた部分もあるんですよね。台湾や韓国の人に。

やっぱり国籍の自決権というのを重要視しなきゃいけないということにはさすがにいまの憲法をつくるときには気づいていたはずなんだし、それもあって国民条項ができている。だとすると、もう六十年前には想像もしなかったグローバルな時代が来ている現在では、ブラジル人やイラン人や他のアジアの人たちも含めて、かつての在日問題ではなく、改めて、日本国内における外国人政策をどうするかという問題が重要なんだと思う。

そのときに国政への参政権を得てもらって変えて行くというのはいわばトートロジー（循環

論法）であって、外国人政策じゃないじゃないか、という話になってしまう。

むしろそれは、外国人としてのロビイスト活動をいかにしていくかという問題、外国人の権利を認めていくことが、日本人にとってもいかにプラスであるかということをアピールする、という問題になると思います。

今度、韓国人朝鮮人を中心としたインターナショナルスクール（コリア国際学園）を姜さんたちが大阪にお作りになるというのに、私も大賛成で参加したっていうのはそういう意味なんです。そういう学校ができることが日本人にとっても意味があるということがわかってきたときに、その学校を、日本の教育法体系下でどう位置づけていくかっていう議論ができてくると思うんですね。

―**姜**― その通り。リーガルにはもちろん朝鮮籍の問題は、日朝の国交正常化がまだ成し遂げられてないから、依然として大きな問題として残るんですよね。ただ、協定永住権を持っていま生きている人間にとって、問題は、違う国籍で、何十年もこの土地で生きることに意味があるのか、ということ。

いわゆる在日コリアンというのは、在日外国人のなかで、六、七割を切っちゃったわけですよね。日本は多国籍化している。

日本の国籍法が父母両系主義になって、やっぱり役所に行って国籍登録しなきゃいけないわけでしょう。ところがね、二世三世から生まれてきた子どもには、それをしていない人はもうゴマンといるわけ。そうすると二重国籍だと言っているんだけど、それも実態と違って、韓国に国籍登録してない以上は向こうでは当然幽霊ですから。これはそのまま補助線を引いていけば、日本国籍に結果的になる人は増えてくる。在日というカテゴリー自体も、いま問われているわけですよ。

だから僕個人は最近は、国籍を基準にして、在日のなかの腑分けをしてはいけないんじゃないかと思う。これは法律論とは別に、主体性にまかせる。

―寺脇―　〝TOKKO（特攻）〟っていう映画を見たんですが、それはアメリカに在住する日系の女性が作ったんですね。この映画の面白いところは、在米日本人が日本の歴史を描いたところにあるって言ったら、左翼の人から、いや彼女はアメリカ国籍じゃないかっていうふうに言われた。だからやっぱり左翼の人たちの頭の中にあるのは、日本国籍をとったコリアンの人は在日じゃないんだということなんだな、とそういうふうに思っちゃって。もちろん法的にはそうですよ。日本国籍取った瞬間に、日本人扱いされたくなくてもされてしまうわけですが、そのことと、アイデンティティとか文化のうえで、どういう意識をもつかは別問題なんですね。

アメリカ国籍を持ってようが持っていまいが、アメリカで生まれ育った日本人が、日本の神風特攻隊のことをどう見るのかというのは、私たち日本人にとってもとても刺激的な、新しい視点の提示になってくるし、現実に、特攻隊の生き残りの人がそこで証言しているときに、普通の日本人に対してだったら絶対言わないようなことを言うわけですよ。つまり日本国内社会だけで通用している建前というのから離れてそこで話ができる。法的には外国人ときちんと定義したうえで、そういう文化的存在として国籍とエスニシティ（民族などの意識）というのを捉えていく。そこをきちんと峻別していけば、これから、あらゆる外国人と共存できる社会を作る方向にいけると思うんですよ。

—**姜**— 在日と言っても、文化的意識には非常にグラデーションがある。コリアン系のなかにまたニューカマーがいて、ニューカマーって意外とすぐに帰化するわけです、本当に。そういうことをよく聞きますね。

社会的存在権みたいなものと、血も涙もない法律との、せめぎ合いというのは今後も続くと思うんです。ただ、やっぱり画期的だったのは、一九八五年に父母両系主義に変わったことじゃない？　これは実に大きかった。

—**寺脇**— 実態に合わせて変えたわけですよね。それこそ、昔は外国人を公務員に任用できなかった。けれど、私も一部携わりましたが、教師には任用していいんだ、現業職員には任用していいんだ、と、だんだん広がってきました。これも結局、外国人の公務員への任用が公共の福祉に反するかどうかという問題なんです。例えば、冷戦構造がきわめて厳しい時代にどう判断するかというのと、そうでなくなった時代にどう判断するのかというのは変わってきて当たり前です。

国家は相対的弱者にとってこそ必要

―姜― 第十四条が「法の下の平等」。これは非常に重要な条文ですね。

―寺脇― ええ。そして第十四条と第十五条は、セットになっていると私は考えます。第十四条で法の下の平等というのをきちんとしたうえで、第十五条で公務員を選定し罷免《ひめん》することは国民固有の権利であると宣言している。で、第十五条の第二項。「すべて公務員は全体の奉仕者であって、一部の奉仕者ではない」。これはきわめて重要な規定なんです。というのはね、戦後を通じて、変な誤解があった。私たち公務員が、権力の犬だっていう意識から抜けきれないわけですよね。任命も罷免も自分たちができるのに、お前たちは権力の犬だろうという図式を引きずる。この対立を煽る意識が、そのあとの権利義務の部分を全部歪めてしまっていますね。つまり国家というものが人々と別にあって、敵対しているかのようなフィクションを作ってしまっている。

公務員というのは自分たちが選んでいるものなんだから、公務員が権力者でその他は被権力者なんていうことはあり得ない。しかも特に学校などでそうですけれども、今度は同じ公務員のなかで権力者と被権力者がいるような言説が流通する。つまり文部省は権力者で教員は被権力者だとかいう考え方。

—**姜**— 確かに、公務員の選定及び罷免は国民が権利として持っているのですが、それをなんによって行使するかというと、これは自分たちが選んだ代表によって、つまり政治家がそれを、国民の代理としてやるわけです。

ところが日本の議員を見ていると、議員立法ひとつできない議員が圧倒的に多い。政策を立案できるだけの秘書もなかなかいないわけですよね。そういう状態でほとんど官に丸投げ。そのなかに当然利権の構造はできあがるでしょう。

—**寺脇**— まさに、そういう政治家が多かったがために、九〇年代にはね、もう政治家をみんながあてにしなくなって、直接役人をコントロールしようとしはじめたんですね。オンブズマン（行政などの監視者）みたいな形で、情報公開をどんどん求めていって。あの頃、官官接待について、政治家がお前たちやめろって言ったことは全然なくて、国民が情報公開などで迫っていくなかで追い詰めていって、官官接待はダメです、ということになった。これは国民のダイレクトな力ですね。メディアも多少は国民の側に立って、オンブズマンの情報を増幅することによってそれを応援してきた。つまり国民が役人をチェックしていくということをやってきた。ところが小泉さんが出てきたときに、小泉さんは賢い人だから、政治家でそれをやる人なんだというイメージを打ち出した。そのために、政治家による役人バッシングが起こってしまった。でもそれは実はですね、憲法読んでみてもわかるとおり、おかしいわけですよ。本来十五条に書いてあるとおり、

──姜── 国民がやらなきゃいけない。

──寺脇── 実は政治家も公務員なわけですよね。だから本当は、まさに国民が選挙で選んだ、特別公務員である政治家と、それから国民が直接選んだわけじゃないけれどまあ間接的に選んだ通常の公務員、それが相互にチェックしあってやっていきなさいっていう話なんですよ。政治が行政をチェックすると同時に、行政が政治をチェックする。一方で国民は、政治も行政も両方をチェックして、アクションできる権能をもっているわけですね。

九〇年代、オンブズマンをやる人たちっていうのは大変だったと思いますよ。自分の時間やお金を投げうって調べて、追究していくわけだし。あるいは生活者ネットみたいなものを作ってそこで政治家を送りこんでいこうというような、運動をするわけじゃないですか。生活者ネットっていうのは九〇年代の非常に大きな成果だと思うけれど、いま停滞してますよね。

ちょっと役人の経験者として言わせてもらえれば、役人をチェックするやり方っていうのは、政治がチェックする。役人同士が相互でチェックする。国民がダイレクトにチェックする。審議会とか、そういう民間の代表がチェックする。大きく分類すればこの四つがあるわけですが、政治が役人をチェックするというのは、役人の暴走や腐敗ばかりをチェックするのではなくてですね、役人の委縮をチェックするのがむしろ政治の役目だと思ってるんです。政治はむしろ、役人がどうしても委縮しちゃうときに、いや思い切っていけよというようなことなんじゃないのか。

私が役人をやっているときに、ゆとり教育批判をわっと言われたときに、政治家の大臣はやっぱり、いいよお前、これは決まってることなんだからやれよ、俺がさせてやるっていう人ばかりでした。政治家出身ではない、有馬朗人さんとか遠山敦子さんみたいな人はもう役人と同じ気分だから動揺して、批判派からちょっと言われるとたじろいじゃうわけだけど、政治家は、お前たち官僚が一生懸命考えて作ったんだろ、それで俺の前の大臣はこれでいけって言ったんだろ、なぜいまたじろぐんだ、っていうふうに言った。これもまたチェック機能なんですよ。役人に仕事をさせるための。

ところがいま政治の役目は逆になってしまって、役人がこんな悪いことしてますって言って、問題は役人にある、というふうな風潮をつくっている。だから役人は怯《ひる》む一方になってしまって、思い切った提案も政策立案もできなくなってしまっている。

問題は、国全体を考えようとする官僚が減ってくるっていうことなんです。建設業の奉仕者になろう、教育の奉仕者になろう、福祉の奉仕者になろうっていう人はいっぱい出てくるけど、全体がこうだっていうことが見えている人をなくしてしまっている。

姜――ヘーゲルの法哲学を読むと、結局彼が望んだことは、市民社会の個別的な利益を、どうやって全体としての発展性を持って実現するか。結局それは、彼にとっては国家という、人倫の体系のなかでしか、最終的には普遍的かつ一般的な利害調整というのは叶えられないと。

ちょっと抽象的かもしれないですけど、最終的に公共の福祉、あるいは社会の一般的利益をね、なんによって担保するか。結局それは、ある局面においては、官僚がやってくれるだろう。だからこそ官僚のなかには、国の全体をどう考えるかというビジョンがなければいけないんです。

ただその実態についてはいろんな問題があった。しかし、それどころかいまは、官僚の責任どころか、一般解はどこで見出せるかというと、マーケット（市場）になってしまっている。マーケットを介在しない社会的な技術というのは意味がない、というような論法が罷《まか》り通っているんですね。市場の論理を邪魔するのがいろいろあるから、これをできるかぎり刈り込んでしまえ、規制緩和をすれば競争はよりスムーズになるという。竹中平蔵さんたちが中心になってね。

でも、解はマーケットだけで見出されるものではないでしょう。ひずみや格差や、フェアでないものが出てきたときに、一般性をどこで確保するかということ。それは公共と言い換えてもいいと思うんですよ。大事なものが少なくとも三つある。民主主義、市場経済、それからもう一つが、公共性だと思うんです。「全体の奉仕者」とか、「公共の福祉」とか、ヘーゲル的に言うと一般性ですよね。

どうですか寺脇さん、小泉さんと竹中さんの路線からは公共の福祉という言葉は出てきませんでしたね。

―**寺脇**― そうです。それは考えてないです。

私と竹中平蔵さんの根本的な違いというのは、私は公務員だから全体の奉仕者だったつもりです。つまり、市場に参加できるプレイヤーだけを相手にする話と、市場に参加できない人も含めた全体の奉仕者になるか、という話ですね。いわゆる「自己責任」さえとれない人たちも含めた全体を考えることが課されていたんですよ。

ゆとり教育批判なども一つの典型ですけれども、ゆとり教育をやったら学力が落ちるじゃないかとか、ノーベル賞とるやつが減るじゃないかとか言う。そこからは、障害を持つ子どもの学びとか、勉強は苦手だけれどなにかほかに取り柄がある子の育ちをどうするのかっていう議論が吹っ飛んじゃっている。そういう「弱者」のことは相手にしてないんだっていうのが新自由主義者たちの論理だし、市場主義者たる竹中さんたちもそうなんでしょう。

だけど、私は全体の奉仕者なんだから、なにも特別に弱者の味方っていうわけでもなく、弱者から強者まで、全部にとってバランスのいい解決を考えるのが仕事でした。公共の福祉っていうのは、ビル・ゲイツみたいな力のある人から重度障害でからだの動かない人までトータルで考えていくべきものです。

小泉さんと竹中さん以来の市場主義路線っていうのは、あくまで市場に参加できることが前提ですから、年金生活者とかフリーターとか、経済的弱者は切り捨てられるんですね。ところが現象としては切り捨てられかかってる人たちが、小泉純一郎の「ぶっ壊す」はいいことじゃないかって喝采をおくるような仕組みになっちゃってたんだけど。

姜――そう。だから僕はいま思っているのだけど、小泉的なポピュリズム（大衆迎合主義）、窮迫《きゅうはく》した気分が社会に蔓延《まんえん》しているからこそ、大向こうの受けがいい政策やもの言いで国家の凝集力を動員する、というのとは全く違う意味での、ある種の国家論が必要なんだと思う。これまで、とくに戦後左翼はいかに国家を遠ざけるかとか、国家を超えるかとかいう議論をしてきたんだけど、国家を超えるっていうのは、実はいま強者の議論なんですね。だってグローバリゼーションのなかで金融などで成功している人は国家を超えているわけでしょう。

実は、超越的強者ではない僕たちには国家論が必要なんです。国家というのはやはり、全体性を持っているから国家なんですね。国家はそのなかにいる国家のメンバーに対して、少なくとも建前としてはすべて普遍的に対応するわけですね。

ところが、日本を含むその国家が、競争社会の強力メンバーの、ある特定の勢力の利益を推進していくエージェント（代理人）に成り果てている。そういうことを進めながら、もう一方で国を愛せよと要求している。

弱者同士のいがみ合い

―寺脇― 「努力した人が報われる社会」っていうプロパガンダがありますね。こういう考え方は自民党ばかりではもちろんなくて民主党の中にもある。年金問題でも、努力した者がどうして報われないんだ、年金は努力して払ってるものだけど、生活保護は努力もしないでもらってるものだという。

年金を細々払って年金は月六万の人がいる一方で、生活保護で月十一万もらえるという話がある。

一姜一 そういう時は必ず、より「悪い」者探しをして、不公平感みたいなものを煽るんですよね。だからね、弱者つぶしなんだな、議論が。

一寺脇一 でも実際は、第二十五条の理念というのは、最低保障は全員しますということなんですよね。だからいまの年金制度は、ひょっとすると憲法違反かな、とか思っちゃう。しかも、「消えた年金」っていうのだって、払えてる人の問題なんです。年金もかけられない人のことは問題にもなってないわけですね。もともと年金制度っていうのは、これがおそらく正確な理解だと思うんですが、私のように健康で、それなりに稼いでると。で年金納めます。だけど私が払った分だけもらえるわけじゃない。その差額はどこへ行っているかというと、あんまり払えない人のところへ行ってるんだろうと。以て瞑《めい》すべしですよ。いわば年金というのは、税金とちがって、見返りのある寄付金みたいなものなんですよ。こうやって寄付しておけば、あとでお前も若いやつから寄付してもらえるよっていうルールにすぎない。
これ根本的な問題ですが、私たちがお金を稼ぎます。稼いだってある程度以上は使いようがない。無駄なものを買うのは贅沢というもの。じゃそれを誰か足りない人のために使う。再配分ですね。税金というのもそういう役割を果たしていて、税金を納めれば、障害者のためにこれだけ使いましょう、地方の振興のためにこれだけ使いましょうって再分してくれるじゃないかと。統治制度が信頼できるところではそうなるわけですね。ところがその統治制度が信頼されないと、税金も払いたくなくなるわけですね。
一方年金というのは寄付の側面を持つ。保険は全然違いますよ、保険は自分のためにかけてるわけですから。

——**姜**——まるで税のように徴収されているっていうイメージがありますが、年金はある意味助け合いなんですよね。

——**寺脇**——そうです、昔の講ですよ。頼母子講《たのもしこう》とか、みんなで積み立てておいて、誰かが病気になって働けない、お金が要る、となったら、ここから使いましょうみたいなことですよね。

——**姜**——いまの日本の社会では、結局「公」が担保するものが見えなくなった。新自由主義を進めていけば、結局みんな自分のことしか考えなくなるわけです。

黒沢明の「七人の侍」で、主人公の志村喬がね、どうやってここを守るかと。そういうときに、村はずれに家が何軒かある。これは守れんと。そうしたら、そこの村人が、竹槍を捨てちゃうわけね。おらの家を守れずにね、なんでこんなことしなきゃいけないんだと。そのときに彼が、お前たちが武器を捨てたら叩き斬るということで恫喝《どうかつ》を加えるわけ。自分のことしか考えないやつが自分の身を滅ぼすんだというんですよ。

みんながね、もう猜疑心《さいぎしん》のかたまりになって、さしあたり自分のことしか考えない、自己防衛のモードに入っちゃってるわけでしょう。これってやっぱり、ある種の公共的なるものの崩壊ですよ。そういう世界というのは僕はものすごく情動的に揺れ動きやすいんじゃないかなと思う。

—寺脇— 誤解をおそれずに言えばね、年金制度っていうのは公務員のそれから始まっている し、いまだって公務員年金が優遇されてるって言いますよね。私は当然だと思ってるんですよ。公務員って権利制限されてるわけですから。スト権もないし、内心の表明も制限されているでしょう。公共の福祉のために制限されている。

自衛官だって殉職したらそれなりの遺族補償などがあるから危険な業務に従事するみたいなところがあるとすればね、自らの思いを、私利私欲をある程度捨ててやっている公務員を優遇するというのは理屈としてはありなんです。だけどそれを優遇するなっていう声が高まると、それじゃなんで自分の欲望を押さえなきゃいけないんだっていう悪い循環にめぐっていく。公務員のモラルが下がって、汚職や天下りでおいしい思いをしたりするような、公務員の不祥事が増えてくるわけですね。

私はたぶん平均よりは高い稼ぎがあると思いますが、税金をごまかさない、少し多すぎると思ってもきちんと払う。そのかわり原則として寄付もしないっていう考え方なんですよね。私は税金を払っている。つまり公務員制度を信じるなら、憲法第十五条を信じるなら、税金制度によっていろんなところへ、ほんとに貧しくて困ってる人には金が行くだろうからと。

まあ現実に起こっていることは必ずしもそうではないわけですが、しかし、第十五条に従って公務員が仕事をして、行政と国民の関係が、いい方向に行けばですよ、役所へ任せておけば、税金をちゃんと納めておけば困ってるところには行くんだ、という仕組みと法制にはなっているんです。

――姜――税制度で、所得再配分のミニマム（最低限）なものは保障される、それがいい。それはスウェーデン的なものになるのかもしれないけど、少なくともいまみたいなことをやってるかぎり、公は解体する。

結局、新自由主義的な考え方ってある種の刹那《せつな》主義じゃないですか。市場なんて、明日どうなってるかわからない。そうするとやっぱり、自分の人生というのを考えたときに、やはりミニマムな必要は市場を通して調達されるのではなく、みんなの負担でお互いにきちっとキープするというのがいい。

僕はね、社会から放逐されるような人々が増えてくると、結局それはブーメランのように自分たちの首をしめると思う。

アメリカみたいにゲイテッドシティ（塀に囲まれた高級住宅地）を作ってね、そこのなかで富裕層だけ生活する。ヨーロッパにもそういうところがあるようですけど、塀で囲んで、その中で学校から病院から住宅からセキュリティも保障して、とやってる。でも究極的にはそんなことはできないって。

―寺脇― 大金持ちがね、日本で税金払いたくなくて税率の低いよそにいくわけじゃないですか。あんたの公共ってなんなのっていうことですよね。私の場合の公共の感覚っていうのは、私も幸せでいたいけど、みんなが幸せでいてほしいということ。そこらへんで人がのたれ死にするのは見たくもないし、そういうことはあってほしくない。

でも、「文化的な最低限度の生活」だって、本代を月に五千円くらい使えるようにしろって言う人が仮にいたとすれば、公共図書館がそのために整備されているじゃないですか、社会財を使いなさいよ、という答えもある。弱者に対する社会的サービスが受けられるかどうかという整理がなされずに、単純に低賃金不安定労働ということで不安をあおるようでは、それこそ国や自治体のやっている公共的措置に目がいかなくなる。

姜――そうですね。得ている金額だけで争うと、最低保障をどんどん引き下げる、首を絞め合うような議論になってしまいますね。

私は安い時給でこんなに頑張ってるのに、どうして働いていない(多くは「働けない」のですが)人が保障されるのかっていう。

生活保護費を下げろ、ではなくて、最低賃金を上げるほうに議論すればいいはずなのですが、議論の立て方がいつも、弱者の弱者いじめになる。

寺脇――生活保護の不正受給の話が必ず出てきますよね。そんなことはやり玉に挙げればきりがない、どうやったってそういう人は出てくるわけですよ。

姜――最近はイギリスの問題が日本と比較されたりしているけれど、まあブレア政権の評価は別にして、ブレア政権ではやっぱり再チャレンジをうたっていた。自活できるようにトレーニングを積極的に施す。その成果はそれなりにあるといいます。イギリスはもちろん日本以上に激しい格差がありますけれど、健康で文化的な生活というときにね、物質的にどれだけサポートされているかっていうことだけではないと思う。

―寺脇― そうなんですよ。そこで条文に「文化的な」と入っている意味は、働く喜びを味わっているとかいうことも含めないといけない。文化芸術活動のできるゆとりを保障するというだけでなく、働く喜びという文化的情動を持つことも含まれる。

―姜― 若者に対しては、ミニマムな物質的・金銭的保障もさることながら、体系的にトレーニングを施すことができるような仕組みをつくるべきだと思う。将来に希望が持てるようにね。そうでないと、憲法第二十五条に対する若者の信頼もだんだんなくなっていくし、それは社会に対する信頼がなくなるということですよね。そうすると全体的な頽廃が起こっていく。

もはや、マンガ喫茶に寝泊まりもだけど、百円のハンバーガー買ってマクドナルドに朝まで居るとか、コーヒー一杯でファミリーレストランにいるとか、これは若者だけじゃないらしいけど、そういうサイクルに入っちゃっているわけですよね。

―寺脇― 社会の中にルサンチマンを増幅させるということは、治安を悪くするということももちろんあるけれども、独裁者の出現とか、あるいは戦争待望に繋がりうる。戦争がはじまってほしい、戦争がはじまると全部ちゃらになる、みたいな声も若者に実際に出ていると聞きます。公共の福祉というのは、ルサンチマンなき社会をつくるっていうことでもあるんですよね。

健康で文化的な最低限度の生活とは？

―姜― 公共というものを、どういうレベルでもう一回再構築して見出せるのか。そこにこの第二十五条というのはかかっていると思うし、僕はやっぱり経世済民《けいせいさいみん》というものが必要だと思う。これって意外と、ある意味では保守的なテーゼなんですよね。

戦後左翼が退潮したあと、保守のなかにもいろいろあるということが最近見えてきましたよね。ネオコン的なものは本来の保守ではない。経世済民をきちんとできる保守思想というのは何なのか、検討する価値がありますね。

健康で文化的な生活っていうのは、たぶん僕は、社会的関係性を維持していくうえで支障のない生活の水準というのを、普通の人は思い浮かべると思う。そうなると、ものすごく要求水準が高いですね。例えば、お隣りさんが、せっかくだからオペラに一緒にいきませんかと言われたとして、つき合いがあるから、そうするとそのオペラに行けるだけの、ということになってしまう。

意外といま、生活のクオリティということについては、あまり共通のイメージがないと思う。

寺脇――そうなんですよ。

姜――やっぱり情報過剰なところがある。ちょっと驚くのはさ、時計で一千万以上だとか、新聞を見てもね、ぱっと見ると全面広告で、昔で言う養老院の入居費用が、一億円なんていうのがばーんと出ているじゃないですか。

そういうものをね、一般の人が情報として目にするようになったわけです。そうするとやっぱりルサンチマンたまるよね。あまりにも自分の実態と乖離《かいり》しすぎちゃって。大衆消費情報化社会のなかで、慢性飢餓状態におかれている。以前はね、そういうことに対する歯止めがあったと思う。こんなことすると成金と思われるかもしれんなとか。

――この前七十数歳の人たちが起こした生存権訴訟では、香典が出せないから葬式に行けないということがありました。

―姜―冠婚葬祭っていうのは一つの基準ですよね。文化を持つ人間として。でも、こういうことを本来は選挙の争点にすべきなんだよね。

第四章　それでは「国民」とは？

二十五条はなんのために生まれたか

——引き続き第二十五条についてですが、一九四六年の時点でなぜああいう条文がビルトインされたのか、また、戦後それがどういう役割を果たしたか。

姜——やはり、二度と日本に、あの狂熱的なミリタリズムが復活しないように、というのが一番の理由だと思います。なぜ日本の国民が、あの時期に狂熱的なミリタリズムにのめりこんでいったのかと言うと、その根幹にあったのは、やはり貧しさではないか。

日本は当時、対外的には列強の一員として遇されていました。しかし、その屋台骨というのは、ある意味では、底辺の国民の困窮に支えられていた。社会に困窮が広がっていれば、非合理な思考や、ある種の熱狂主義というかファナティズムに、のめりこみやすい状況が生まれる。

そういうものを根本的に絶つためには、やはり人々が単に経済的に豊かというだけではだめで、やはり市民として、あるいは国民としての矜持《きょうじ》を持てなくてはいけない。自分に対する誇りがなくなっていくと、非常に空疎なイデオロギーや、あるいは抑圧的な体制に寄りかかっていってしまうことになります。

―寺脇― ファシズムが台頭してくるプロセスのなかに、二・二六事件なんか典型ですけれども、あまりに貧しい農村と資本家階級の横暴というのがありましたね。

だとすると、今日、格差問題が言われているわりに二十五条の話があまり出てきませんよね。私が憲法を教わっていたころは一九六〇年代の半ばぐらいの話ですが、その時点で思う二十五条、それから今日で思う二十五条というのを考えたときに、まず一つはですね、最低限度の生活というのは、相対的な問題なのか絶対的な問題なのか、ということがあると思います。おそらく一九四六年当時は、絶対的なものだという意識が強かったんだと思います。生きるか死ぬかのミゼラブルな貧困というのがあったわけですから。

極度の貧困を除去するっていう目的はほぼ達せられているのに、いま格差でルサンチマンを持っている層がファシズムに結びつきそうになり、中国や北朝鮮に対する激しい敵意を持っている人もいるとすれば、一九四六年当時に比べればこんなに豊かではないかっていうことをむしろアピールすべきではないかと思うくらいです。

――国家にとっての、落ち着いた中産階級の重要性ということにつながりますね。

―寺脇― ええ。健全な中産階級っていうのは、前にも挙げた小田実の『中流の復興』でも強調されていることです。階級闘争論者からいえば、小田実さんは転向したんじゃないか、なにが中流なんて呑気《のんき》なことを言ってるんだ、っていう話になるのかもしれない。でも私も小田さんとまったく同じ考えで、再び中流層を作っていかなければいけないと思う。その人たちが、自分たちの社会を誇りを持って担っていく。

―姜― 先験的に、国家に誇りを持つというのは変なので、やはりまず、国を支えている国民の一人一人が自らの文化に対して誇りを持つのが先でしょう。ここでいう文化というのは、日本古来のそもそもの伝統的文化だとかそういうことよりは、一人一人が、民主主義のなかで、自分で物事を判断して、自分の判断に対して矜持を持つということですね。そういうことが叶えられるためには、物質的な条件というものは必要なんです。そこで「中流」の重要性ということが出てくる。

そういう暮らしというものがあってはじめて、日本人は二度と再びあのような狂熱的なミリタリズムや非民主的な国家に支配されることがなくなるだろう、と憲法制定者たちは考えたのだと思います。

その後、日本が経済大国になるとか、未曾有の高度成長を遂げて、「ジャパン・アズ・ナンバーワン」などと言われるようになるとは、誰も想定していなかったと思います。やはり、身の丈に合って、しかし自らに対する矜持を失わない、そういう生活というものがあってはじめて、人は公共の福祉ということに目覚めるんだ、という考え方があったのだと思います。だから、公共の福祉を考える、という問題と、二十五条の「健康で文化的な生活」が国民一人一人に約束されるということは、不可分なんですよね。

そしてそうあってはじめて、他国の善意、他国の平和を求める意志に信頼をして、わが国の平和をも共に作っていくという、憲法前文が成り立ってくるわけです。そういう点では二十五条というのは非常に重要なポイントだと、僕はいまになってより切実にそう思うんですね。

国民国家のなかで、国民が国家という制度機構の主権者だという約束事ができあがったんですね。国民主権ということが戦後の重要な柱になった。だからこそ拉致問題でも、やはり日本人が拉致されると、それは日本国民全体の問題になってしまう。それがまさしく国民国家なわけです。そういうかたちで約束事を作って、僕に言わせると一つのフィクションだけど、それがあってはじめて、ネイションとしての一つのまとまりと平等意識ができて、そこで自分たちの決まり事は自分たちで決めていこうという、これがデモクラシーですね。ところが、いま起きている新自由主義の興隆という事態のなかでは、公共の福祉というものがいわば陥没するんですね。

東京名古屋大阪などの一一都道府県に日本の人口のうち六千万人が集中している。四七ある都道府県のうちの、四分の一弱に人口が集中して、日本の富のおそらく膨大な部分がそこに集積している。

国民的まとまりのうえにはじめて、いわば公共の福祉というものがあり得るわけだけども、その根底にはやはり、憲法第二十五条に書かれているように、個々人に健康で文化的な生活が約束されるという必要があると思います。それは国民の一員であるから。これは日本国民である以上、普遍的なことであるはずなんですね。ところが新自由主義的人間観によれば、それは結局意味をなさなくなる。その人が健康で文化的な生活ができるかできないかは、自らの責任において決めなさいと。この社会において自由がある限り、そこから生まれてくる結果に関しては、自らが引き受けなさいと。そうなるとどうなるかというと、極端に言うとですね、国民なき国家になるわけです。国家というのが、国民のためにあるというよりはマーケットみたいになる。国家は公共の福祉を実現するのではなくて、いかにして市場を効率的に動かしていくか、そのための一つのエージェントになってしまったわけですよね。

これは大変なことで、たとえば、もはや東京の日本人とソウルの韓国人はだいたいお互いに共通のある種の消費文化の文法を分かち合っているわけですね。だから言語は違うし国籍も違うけど、かなりすぐに理解しあえる。しかし、困窮した地方の日本人と、東京の平均的な中産階級の日本人とでは、本質的なコミュニケーションよりがより困難になっていると思うんです。こういう事態が、グローバルに起きている。これが現実だと思います。

ところが、にもかかわらず、なにか外患があると、そこで一挙に、国民的な一体性のフィクションが前面に出てきてしまう。

実態は、日本国民は分裂している。日本列島に二つの国民がいる。裕福な人々と、そうでない、生存権ギリギリのような人々。そういう国民の分断分裂が行われていて、なおかつ公共の福祉ということが個人の自己責任にすり替えられている。ということは、国家が本来やらなければならない、みんなから税を徴収して、それを分配する。つまり強制的な共同性をつくる——共同性も強制的に作り出さなければいけない面があるわけですよね。国家はなにかを執行していくときに、正当的な実力行使すら厭わないわけだから。こういうような仕組みが大きく崩れていって、そうするとですね、本来二十五条が持っている意味がほとんど空文化して、二十五条のような状態が実現されていない人がいても、それに対してほとんど痛痒《つうよう》を感じない人が増えてくる。

ひどい場合には、生活保護が受けられずに餓死者も出ています。


—寺脇— ちょうどこの間、「国道20号線」（富田克也監督）という、まだ無名の若い監督が撮った映画を見て、考えるところが多かったのです。国道20号線は山梨県を走っている国道です。その国道沿いにあるもの、つまり地方の風景、そこにあるのはパチンコ屋とサラ金だと。もう行けども行けどもパチンコ屋とサラ金のネオンがついている。

でも一方で、こうも思うんです。地方は貧しくて東京は豊かだと、そう簡単に言えるのか。実は憲法二十五条の読み方にも関連してきますが、「健康で文化的な最低限度の生活」って書いてあって、「経済的に豊か」ということは一言も書いてないんですよね。

健康で文化的な生活が、都市部にはあるのか。満員電車で、手の置き所によっては痴漢扱いされるような生活をしてやってる都会というか、郊外の生活ってほんとに健康で文化的な生活なのか。むしろ地方に健康で文化的な生活がある場合もあって、典型的には沖縄などに行くと、健康で文化的な生活とはこれのことをいうんじゃないのかと思ったりする。

二十五条の文面を文字通り読めば、こんな満員電車で通勤しなければいけないのかっていうことで憲法二十五条違反であるというふうに訴訟を起こすことだっておそらくできると思いますね。

日本が都市部と地方に二極化していることは事実です。ただ、なにが「健康で文化的」なのかということについて、きちんとした議論がなされなきゃいけないと思うんです。

―― 二十五条二項に、「国は、すべての生活部面について、社会福祉、社会保障及び公衆衛生の向上及び増進に努めなければならない」とはっきりありますが、これは、日本に福祉国家であれというふうに命じていると読むことができますか？

姜　ええ。それはやっぱり、ある種のナショナルミニマムを定めはしたと思うんです。ただ現実には、例えば最低賃金制度を見ても、フランスは時給千円超えているわけですが、いま日本は七〇〇円くらいかな。一人当たりのＧＮＰがこれだけ高いといわれながら、最低賃金がいわゆるＧ７のなかでも、一番低いんじゃないかと思うんですよね。

——本来は、戦後六十数年も基本的に成功してきて成熟した国家であれば、福祉国家の方向での国民統合の感覚というのもあり得たわけですよね。

姜　あり得たでしょうね。ただ、実際の戦後六十年間のなかでは、開発主義が先行した。財閥解体は確かにあったのですが、その後の冷戦下の状況や朝鮮戦争以後、ある種の揺れ戻しが起きて、経済官僚やテクノクラートはほとんど温存された。もちろんこれは、野口悠紀雄さんの言う「一九四〇年体制」論です。戦中の国家統制を担っていたかなり重要な官僚たちの流れは、戦前戦後を通して切れていない。その典型が岸信介です。

——小さな政府路線というのは福祉国家主義から外れるのでは？

寺脇 短期的に見ればその通りなんです。大きな政府じゃなければ福祉国家になれない。けれど、大きな政府というのはコストのかかる制度ですから、小さな政府にしてコストを減らすことによって、その分の金を民間を通じるなどして実質的に福祉にふりむけられるようにするっていう考え方はあると思うんですよ。そういう意味における小さな政府の福祉国家っていうのは私は検討に値するとけれども、もちろん小泉安倍政権がやってきたような小さな政府というのはまったくそういうこととは違うもので、ただ規制をなくして、競争社会の勝者に有利にしようということだった。

改めて思い出すと、小渕内閣の、九〇年代の小さな政府論というのはそうではなかったんです。つまり小さな政府という理念が、途中からねじまげられたんですね。特に私はその間政府の中にいたのではっきりわかるわけです。例えばゆとり教育だって小さな政府主義なわけですよ。国が規制をなくしていって、それぞれの地域に合った自由な教育をしていこう、個人に合わせてやっていこうというのは小さな政府的考え方じゃないですか。共生社会とか、自立した個人というものを作っていくために小さな政府を作っていこうとしたのです。つまりその後、共生を目指した小さな政府から、競争を目指した小さな政府へのすり替えが行われてしまったわけです。

「公共セクター」というのはなにも政府だけじゃないわけです。例えば介護保険などは、あれを全部公務員でやったらどえらいコストがかかりますね。

――いろいろな事業者が生まれて競争が生じたのはある程度まではいいとして、あまりに市場原理のなかに放っておかれたという気がします。

寺脇――おっしゃるとおりです。善意の人が薄給でやらなきゃいけないっていう方向にふれたのは、おかしいですね。介護保険の本来の理念は競争じゃないのに、途中から利潤競争にすり替えられたから、コムスンみたいなところが出てきちゃった。

姜――アメリカに近づくんだといいながら、日本の経済的な仕組みはイギリスやアメリカと比べるとやはり国家統制が強かったということなんですね。いわゆる官僚主導というかたちで、どちらかというとフランス型に近い。戦後、かなりの程度、「秩序づけられた自由経済」が推進されたと思うんです。いま、自由主義経済ということをわれわれ平気で言っているわけですけれど、いまだに、日本ほど中央官庁が業界に積極的に介入して、ある種のネットワークを作っているところは特殊なんです。つまり、完全に小さな政府というわけではない。

それから、政府・官僚機構とのカウンターパート（対抗勢力）として官公労の労働組合が強かった。それが総評の力の中心だった。総評の方は冷戦崩壊と手をつなぐように壊れていったけど、官僚制度は依然としてまだまだ強い。官僚による秩序づけられた自由主義経済というものが、北欧やドイツ型のある種社会民主主義的な福祉国家へと向かっていくのとは違う道を、つくってきたのではないかと思います。いまは投資に走る人が増えてきていますが、これまでずっと、人々は勤勉に働いて過剰貯蓄に励んできた。これは慢性的なセイフティネットの脆弱さが、過酷な労働を個々人に強いる面と、また自らそうする面があるんですね。

―寺脇― 小渕政権が最良の状態だったたっていうのは、小さな政府に振れつつ官僚政治をやっていこう。これからは小さな政府の官僚としていままでと同じような熱意をもって仕事をしてくれたまえ、という話だったたんですよ。ところが小泉さんは、小さな政府なんだからお前らいらないよ、っていうことをやっちゃった。本来だったら官僚がコムスンみたいなところをチェックしなければいけないのに、もうチェックもできなくなっちゃったわけです。それこそ、憲法的理念からみてこの事業はどうなんだということを、少数のよく働く官僚が見張っていればいいわけです。

新自由主義「国家」という矛盾

——姜——いまポスト小泉・安倍の状況のなかで、政権はほころびを繕うような感じで、ややダッチロールをしているわけですよね。小泉改革を否定はしないけれどもそこにかなりブレーキをかけているように見えます。結局、新自由主義的な国家というのは、ある人の言葉を使うとノイローゼ国家だというんですね。つまり、国民は一体的でなければいけない。ところが実際に政策的にやることは、ますます国民を分裂させ格差を広げていて、そうしなければ、成長や、成長に基づく経済的な配分というのはできないんだという、股裂き状態になっている。これは、最後まで行っても、どうしても収斂《しゅうれん》点が見出せないんですね。

国益と国民益が分裂している。そういうときに、この社会は、いったいどうやって憲法が定めたような、国民が健康で文化的な生活を送れる仕組みを作ったらいいのか。これはね、意外と難題ですよ。非常に難しいと思います。

かつて福澤諭吉が、日本には政府はあるけれど国民がないと言いました。国家はあるけどもまだ国民はできていない、と。国民とはなにか。それは自らの国家の正統性を、主権者として一人一人が主体的に担う存在。従って、国民一人一人は国家の客体ではない。そうでなければ民主主義というのは成り立たないわけだから。ところが今は、やっぱり国家あっての国民だと、そういうことがだんだんと、言われてきている。人々が窮迫すればするほどね。

――国家が市場における強者のためのエージェントになっているとすると、結局トヨタが強かったりアメリカで言えばコンピュータ会社や兵器産業が強くないと国民も守れない。だから一般人は低賃金で我慢しなさい、ということになりますね。

姜――そうなんですよ。

いまも、結局、成長がないとダメなんだ、ますます日本は疲弊するんだと言っているわけですが、実は八〇年代以降、世界全体の成長率は年に一パーセントぐらいなんです。インドや中国が爆発的に成長しているから、われわれにはかなり、世界はボトムアップしているように見えるのですが、地球の全人口で考えると、一パーセントぐらいの低成長。これが何を意味しているかというと、新自由主義というのは、成長路線ではなくて、分配のあり方を変えてるだけなんだということになるんですね。偏ったかたちに。

かつては所得の再分配を国が税金や、地方に対する補助金というかたちで、行う機能をもっと担っていた。もちろんそこにはバラ撒きもあったかもしれない。利益誘導もあったかもしれない。しかし、やっぱり国家というものは、国民の生活水準にデコボコがありすぎるときにはそのデコボコを均《なら》していくものだったでしょう？　それが公の役割だった。

これは活字にのせるべきかどうか分かりませんが、フリーターや派遣労働者をあんなに搾取するのは現代版残酷物語といっていいと思うんだけど、あそこまで搾り取るというのは、戦前であればそういうことをやる企業に対するテロルというのはあったと思うんですね。現実的に、起きていた。僕は決してテロルを正当化しはしない。しかし、若者が搾り取られていて企業利潤だけが追求されていると、テロル的なものが起きても不思議じゃないと思います。

いまの、すべてを市場化せよ、それが成長なんだ、経済が成長すれば必ず水が滴《したた》り落ちるように、下流も豊かになるといういわゆるトリクルダウン理論ですが、実際にはそれはまったくのフィクションで、全世界的に見てもそんなことはあり得ない。イギリスがサッチャーの新自由主義改革以来、もう約三十年近く経ているわけでしょう。なるほどイギリス経済がよみがえったとは言われているけれど、格差は依然として激しいですよ。アメリカだってそうだし。それなのに、なぜそういうレトリックをみんなが受け入れられるのか。僕はやっぱりこれはね、八〇年代のバブル経済のあとの、すごい崩壊感覚が大きかったと思いますね。

――内橋克人さんが言いましたね、「景気がすべてを癒す」という思考が蔓延していると。

―姜― そういうことですね。結局頼るところがなくなっちゃったんですよね。「景気さえ良くなれば……」と空しい期待をするしかない。

本来僕たちが学生時代に習ったことは、金融資本主義などの、ものを生み出さない、つまり金が金を生むような業種が中心になるのは、資本主義の本来のあり方ではないということだったはずなんです。産業資本主義が中心なんだと、あの当時でいうと大塚史学などを勉強して多くの人がそう思っていました。

ところがいまの本流は金融サービスで、そういう会社は東京のようにすでにインフラを持っている大都市にしかオフィスビルを作らないし、そこにショッピングモールができて、そこに集う人々のためのさまざまなサービス業が出てくる。こういうようなことが全世界で行われているんですから、地方に外資が廻ってくるわけがないわけですよ。

—寺脇— むしろ、地方のルサンチマンはバブルのときのほうがひどかったと思います。あの時は都会の普通のサラリーマンだって株を買って、食糧は外国から買えばいい、カネはある、と言わんばかりのことをやってた。私がなぜその感覚をわかるかと言うと、当時農業高校などの職業高校を担当していたので。農業高校なんてまさに、人間のクズが行くところ、バブルな生活を享受できない愚か者というような見下し方をしていたんですからね。

ここ数年の新自由主義的な動きというのは、小泉内閣下の経済財政改革会議のメンバーを見ても明らかですが、要するに、いまも話に出たように強者間の利権の移動の争いですよね。しかも、アメリカと仲良くしていかなければ儲からない人の利権。インド洋で給油活動するのは国益のために必要である。ほんとかよ、って思いますよ。

だからいまこそ、言葉はきついけど思想としての反米っていうのはやっぱり必要。反米というより反グローバリズムということでしょうね。

政権が動くと言っても、どっちに動くのかなんですよ。四つあるわけですね。小さな政府で福祉をちゃんとやる。小さな政府で福祉をやらないで利権に走る。大きな政府で利権に走る。大きな政府で福祉をやるっていう四通り。大きな政府で福祉をやりますっていう名目のもとに大きな政府で利権に走る可能性は十分ある、というより、普通そっちに走るっていうふうに思うべきなわけですよ。だから私は、大きな政府へ戻るっていう考え方は現実論として採るべきじゃないと思っています。

政策のプライオリティを説明せよ

—寺脇— これも生活権をめぐっての話なのですが、柏崎で地震が起こって、日本でもここでしか作れないという自動車部品の工場に優先的に水道の復旧工事が行ったということがある。私はそれ自体がまったくの悪だと思わない。こういう事情で優先的に工場に水道を通しました、その代わりトヨタからボランティアを一〇〇〇人送りますとか、そういう決断があって、それをインフォーム（告知）すればそれはあり得るんじゃないか。危機に対する対処の仕方としてね。

姜 結局柏崎が、原発を誘致して、企業誘致をせざるを得ないという、地方経済の置かれている差し迫った状況が背景にあると思うんです。いま地方自治体の首長がやることで非常に大きなことというのはやっぱり企業誘致なんですね。とにかく地方の場合には雇用が欲しい。

だから、地震が起きたときにも、もしせっかく自分たちがお願いして誘致して企業、それでなんとか雇用が確保できて、若者たちがここに住み続けてくれた、それすらもし逃げていくとしたら、一体どうしたらいいんだと。そういうことが刷り込まれているんですね。

――しかしこういうわけでこうしたという声明がまったくない国ですね。

寺脇 国民益を目指しているのであったらそれをちゃんとインフォームしなければいけないわけですよ。つまり今回も国益っていう考え方で処理しちゃったんだと思うんですよね。トヨタが停まるっていうことは国益に反するじゃないかと。

ここでおそろしいのは、国益は国民益に優先するっていう考え方が生じる可能性があるわけですね。しかもそのことについて、誰も疑問を呈さずにメディアも、トヨタが操業再開、生産ラインが平常に戻りましたっていうのを明るいニュースとして伝えていくこの恐ろしさっていうことに対する気づきが必要なわけですよ。

明示された民意は国のバーゲニングパワーを高める

——**姜**—— 国政調査権というものがありますね。参院のいまの状況を見ると、民主党は相当官僚を使うことができるわけです。何十年にもわたって特定の政党によって政権が運営されていけば、当然のことながら野党にはさまざまな情報が流れない。官僚から、ほとんどディスクロージャー（秘密解除）がない。だから、野党は力がなかった。

ところが与野党が伯仲《はくちゅう》してきて、緊張ある政治のやりとりが行われると、これからますますディスクロージャーが広がっていくんじゃないか。官僚も変わってくる。特定政党だけのために、自分たちの力を用いるという形ではなくなってくるんじゃないか。結局官僚の権力の源泉はなにかっていうと、行政上の知識と情報を独占していることですよね。その自分たちの権力のリソース（淵源）を守ろうとするのが官僚にとっての一つの正義なんですよね。官僚制というのは、やっぱり安定性と最大限の予測可能性の中で行動しようとするし、何かが変わったりとか変化が起きることを嫌う。それでもやっぱり、もしかしたら政権交代は起きるかもしれないとなってくると、官僚も賭け金を両方に張るようになるでしょうね。

駐日大使のシーファー氏が、テロ特措法について、与野党の間で対立があるから、野党の党首に会った。いままで一切開示しなかったアメリカ側の情報を、野党の議員に開示しますと。しかも会談の内容も大筋は公開された。これは非常にいいことです。それはなぜできるかっていうと、政権交代が起きうるからですね。僕は二大政党制が必ずしもいいと思わないですが、いずれにせよ、いままでのように特定政党が約半世紀に亘って、政権の座についていたっていうのは、これどう考えたって異常なんですね。

アメリカとの力関係のバランスを少しでも修正するためにも、日本でも政権が変わり得るぞっていうほうが譲歩を引き出せるわけです。僕はそれが国民益になると思うんですよ。緊張感のある与野党の攻防があって、国民が積極的に投票に参加して、絶えずウオッチングする。国民が積極的に国政に参加するということがあると、結局それはアメリカをも動かしてしまうわけですよ。

ということは、民意というのは、実はすごく、国のバーゲニングパワーを高めるということですよね。

—**寺脇**— そう思います。広い意味ではすべての国会議員が官僚を使うことはできるんだけど、現実的な意味において、官僚を使うことができるのは与党だけなんですね。与党が政府を組織しますから、与党の議員でなければ大臣になれないのでそうなっている。本来、行政権をもった人しか官僚は使えない。しかし例外として、国会の国政調査権というのが認められているわけです。議員に国政調査権があるわけではなくて、議会に国政調査権があるわけだから、いまの参議院の国政調査権に基づいて官僚を使うことができるのは、参議院で多数を持ってる人たちなわけですよ。憲法をきちんと読めばそうなっている。

もちろん私が役人やってるときにも共産党などから資料要求もくるし質問書もきますよね。でもそれについては、こなすような対応しかしないわけですから。私が役人だった時、私の上司にあたる大臣は与党の人だからです。だけど今度のことのようなことが起こってくれば、大臣に、なんだお前は民主党のために働いてるのかと言われれば、いや民主党のためじゃないんです、参議院のために働いてるんですっていう理屈になるわけですね。

でも、詰まるところは、姜さんがおっしゃるように、民主党の出番じゃなくて国民の出番だって思わなきゃいけないわけですよ。高みの見物をしてちゃいけない。

自分たちの生き方が問われている

―寺脇― 一つ非常に危ないと思ったのは、自民党の総裁選挙というのは、小泉さん以来ああいうふうにメディアでフレームアップされるようになってきて、この間も麻生さんか福田さんかというときに、麻生さんのほうが国民に人気があるので有力候補なんだという空気ができかかりましたよね。だけど、日本国憲法が大統領制ではなく議員内閣制を選択しているっていうことをはっきりさせなきゃいけない。なぜ大統領制を選択しなかったかといったら天皇制があるからです。天皇制と大統領制というのは併存しにくい。だから議員内閣制というのはイギリスで生まれたんでしょう、王制と併存させるために。議員内閣制だから、首相は国民が選ぶわけではなくて国民が選んだ議員が選ぶ。

選挙民の声を聞くことが主権在民に近いっていう考え方はすごく心情的な問題です。法を実際に運用してきた者として言わせてもらえばそれは憲法違反。国民主権なんだけど、そのやり方はこの憲法にのっとったルールでやっていかなきゃいけない。沖縄戦の教科書記述問題について地元の人々が怒るのはわかるけど、沖縄で一一万人が集会やったから教科書を書き変える、それなら国会を取り巻いた一〇〇万人のデモがあったらなんでも変えるのかっていう話になりますよね。教科書を訂正するならするで、別のきちんとした法的論理構成をしなくてはいけない。

直接民主主義を採ってないんだということはどこかではっきりさせていかないと。何でも国民の大多数が言っているからいいんだっていうふうに、国民主権のしくみを歪めてしまう危険性が非常に強いと思いますね。

主権在民というのはもちろん重要な理念だけれども、それは理念であって、ちゃんと法的手続き、憲法に定められた議員内閣制の手続きによって物事は定められなきゃいけないっていうことなんです。

だから、何度も言いましたが、やっぱりかつての左翼の罪は重いんです。人権を守れとか民主主義を守れとか言って、それがいいことだから現行法を無視していいようなことをすると、実は人権が侵害されたり、民主主義が壊れたりするんですよ。

一部左翼は法治主義じゃないんですよ。革命主義者だから。左翼イコール護憲ではない。彼らは反日本国憲法的存在なんです。もちろん右にもそういうのはいますけれどもね。自分たちの主張に都合のいいところだけ守りたいっていうんだったら右翼も左翼も同じことなんです。左翼的でも右翼的でもない憲法の読み方をやっていかないと。

—姜—僕は護憲ということを先見的に言ってきた人間でもないし、学生時代までまったく憲法に関心がなかった。それは自分とは関係ない、われわれはそういう憲法とは無縁の存在なんだと、自分でシャッターを降ろしていた部分があるわけですね。だから自分が奇妙だと思うのは、そういう無縁だと思っていた憲法が、今はものすごく大切なものに思えてきた。

憲法のことを思うようになったのは、僕自身が日本に根づいて、ここに着床して、やっぱりこの社会の一員として生きようと思うようになってきたからでしょう。この社会を自分も担おう、ということです。在日のなかにやっぱりそういう人が増えてきたと思います。

憲法を読むとともにもかくにも、自分たちの生き方が問われていることは間違いないと思う。憲法というのは、単なるお守りであってはいけない。人を動かし、なおかつ憲法が謳うことを具体的に実現する、そういう道筋を作り出していかないと。

僕はこの日本国憲法というのは、東アジアのいろいろな国々の、いわばスタンダードになり得ると思っているんです。それはなにもこの憲法を押しつけるということではなく。憲法九条だけではなくてね、公共の福祉の問題とか、それが本来支えるべき一人一人の個人がどうあるべきなのかという、そういう大切なメッセージが含まれているから。

憲法は、みな読んでいるつもりが読みきれていなかったと思うんです。実は、いろいろな大切な考え方がビルトイン（組み込み）されている。だから、なんかこう九条だけをふりかざして、護憲か改憲かというような、そんなものではないんですね。この知恵の果実は。

—**寺脇**— やっぱりほんとに、すごい憲法を持っているというふうに思うべきです。九条だけに問題を矮小化しないで見ていくと、全体としてこんなによくできているものはないと思いますね。

姜尚中（かん・さんじゅん）
一九五〇年生まれ。東京大学大学院教授（政治学）。著書に『アジアから読む日本国憲法』『在日』『姜尚中の政治学入門』『愛国の作法』など

寺脇研（てらわき・けん）
一九五二年生まれ。文部官僚として、「ゆとり教育」の推進などを行う。二〇〇六年退官後、映画評論家としても活動。『格差時代を生きぬく教育』（小社）『韓国映画ベスト一〇〇』『それでも、ゆとり教育は間違っていない』『さらば　ゆとり教育』『官僚批判』など。

憲法ってこういうものだったのか！

二〇〇八年一〇月一五日　初版第一刷　発行

著者　姜尚中×寺脇研
発行人　堀切和雅
発行所　株式会社ユビキタ・スタジオ
〒一一一-〇〇五一　東京都台東区蔵前二-一四-一四　アノニマ・スタジオ内
TEL：〇三-六六九九-一〇六四
FAX：〇三-六六九九-一〇七一
MAIL：docodemo@ubiq-st.net
URL：http://ubiq-st.net

発売元　KTC中央出版
〒一一一-〇〇五一　東京都台東区蔵前二-一四-一四

印刷・製本　株式会社廣済堂

内容に関するお問い合わせ、注文などはすべて上記ユビキタ・スタジオまでおねがいします。
乱丁、落丁本はお取り替えいたします。

ISBN978-4-87758-516-7 C0036
Printed in Japan
定価はカバーに表示してあります。